CB076175

O MUNDO DO
DALAI LAMA

*Que todos os seres providos de sentimento sintam
felicidade e tudo o que causa a felicidade.
Que todos os seres providos de sentimento estejam livres
do sofrimento e de tudo o que causa o sofrimento.
Que todos os seres providos de sentimento nunca sejam
impedidos de sentir a felicidade que não conhece o sofrimento.
Que todos os seres providos de sentimento vivam em serenidade,
livres do apego e do ódio que atrai algumas pessoas e afasta outras.*

O MUNDO DO DALAI LAMA

*Sua Vida,
Seu Povo e Sua Visão*

Gill Farrer-Halls

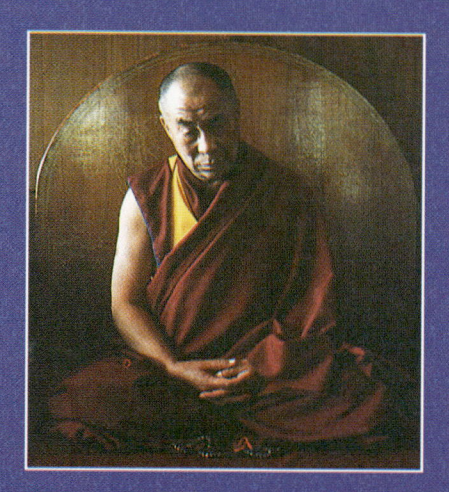

Tradução:
GETÚLIO ELIAS SCHANOSKI JÚNIOR

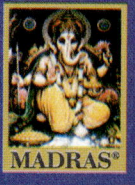

MADRAS®

Do original: *The World of The Dalai Lama — An Inside Look at His Life, His People and His Vision*
© 1998, Gill Farrer-Halls, Godsfield Press
Tradução autorizada do inglês.
Direitos de edição para os países de língua portuguesa.
© 2002/2003, Madras Editora Ltda.

Editor:
Wagner Veneziani Costa

Capa:
Equipe Técnica Madras

Produção e diagramação:
ST&P

Revisão:
Maria de Fátima C. A. Madeira
Neuza Rosa Alves

ISBN: 85-7374-602-5

Proibida a reprodução total ou parcial desta obra, de qualquer forma ou por qualquer meio eletrônico, mecânico, inclusive por meio de processos xerográficos, sem a permissão expressa do editor (Lei nº 9.610, de 19.2.98).

Todos os direitos desta edição, em língua portuguesa, reservados pela

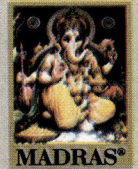

MADRAS EDITORA LTDA.
Rua Paulo Gonçalves, 88 — Santana
02403-020 — São Paulo — SP
Caixa Postal 12299 — CEP 02013-970 — SP
Tel.: (0_ _11) 6959.1127 — Fax: (0_ _11) 6959.3090
www.madras.com.br

ÍNDICE

Agradecimentos 7
Introdução 8
    Old Tibet (Antigo Tibete) 16

Parte I — Tibete **19**
Capítulo Um — O Tibete antes da Invasão Chinesa 20
    A Forma de Vida Tibetana 20
    Lhasa 26
    Antigo Tibete 31
    História Recente 35

Capítulo Dois — A Invasão Chinesa e o Depois 38
    A Ocupação Chinesa 43
    A Revolução Cultural 43
    O Tibete Moderno 50

Capítulo Três — Uma Comunidade Exilada 55
    Adaptando-se à vida na Índia 59
    Uma História Bem-Sucedida 65
    Uma Nova Comunidade 66
    A Cena Atual 70
    A História de Tsering 72
    Liberte o Tibete! 74
        Ao Povo Tibetano 74
        O Tibete no Palco Mundial 74
        Protegendo a Cultura, a Economia e o Meio Ambiente
        Tibetano 76

Capítulo Quatro — O Dalai Lama, Líder dos Tibetanos 80
    Uma Nova Forma de Governo 84
    Um Papel Contemporário 85

Parte II — Um Retrato do Dalai Lama **91**
Capítulo Cinco — A Infância no Tibete 92
    Os Primeiros Anos em Lhasa 98
    Crescendo 103

Capítulo Seis — Uma Nova Vida na Índia 107
    Fugindo para a Índia 110

Uma Nova Vida 113
Um Simples Monge Budista 113
Um Homem de Paz 117

Capítulo Sete — O Dalai Lama como uma Figura Internacional 120
Visitando a Europa 122
Olá Dalai! 124
Recebendo o Prêmio Nobel da Paz 127
O Dalai Lama em suas Viagens Hoje 128

Capítulo Oito — Uma Entrevista com o Dalai Lama 133

Parte III — O Budismo Tibetano **145**
Capítulo Nove — Uma Introdução ao Budismo Tibetano 146
O Costume Budista 152
O Desenvolvimento do Budismo Tibetano 157
O Budismo Tibetano Hoje 160

Capítulo Dez — As Quatro Principais Escolas do Budismo Tibetano ... 165
A Escola Nyingma 168
A Escola Sakya 172
A Escola Kagyu 173
A Escola Geluk 175
A Meditação Budista Tibetana 178

Capítulo Onze — Uma Introdução ao Vajrayana 184
Divindades Tântricas 189
A Prática Tântrica 191
O Vajrayana no Ocidente 197

Capítulo Doze — O Budismo Tibetano no Ocidente 201
A Volta para Casa 204
Ensinando o Budismo Tibetano no Ocidente 206
O Budismo Tibetano e outras Tradições Budistas 209
O Budismo Tibetano no Ocidente Hoje 211
Compaixão: Nossa Responsabilidade Universal 216
Glossário de Termos Budistas 224
Bibliografia 226
Agradecimentos pelas Fotos 227
Índice Remissivo 228

N. do Editor.: Gramaticalmente, a forma correta para designar o supremo sacerdote e guia espiritual do lamaísmo, acumulando até meados do século XX a função de chefe político do Tibete é: dalai-lama. Usaremos, porém, a forma popular: Dalai Lama.

Agradecimentos

Gostaria de agradecer Martine Barchelor e Carol Tonkinson por sugerirem que eu escrevesse este livro; Debbie Thorpe, minha editora na Godsfield Press; à Madras Editora; Brenda Rosen, editora da Quest Books; Peter Bridgewater e Caroline Earle, da Bridgewater Book Company. Também gostaria de agradecer Robbie Barnett, da Tibet Information Network, e Robyn Brentano por sua colaboração e informação. Agradecimentos especiais a Stephen Barchelor por aconselhar e encorajar a todos, e a Jane Moore por seu trabalho profissional, amizade e apoio.

Introdução

Ao refletir sobre o título deste livro, imagino que ele poderia ser perfeitamente chamado de Os Mundos do Dalai Lama. Sua vida nos mostra dois mundos muito diferentes: o quase medieval Old Tibet *(Antigo Tibete) de sua infância, isolado e infundido com religião; e o mundo moderno de sua vida atual. A sua existência representa uma experiência única se considerarmos o estilo de seus atos, e ele é o único, entre poucos, que tem uma certa visão geral privilegiada de ambas as formas de vida.*

As palavras *Old Tibet* (Antigo Tibete) evocam visões e idéias específicas, algumas das quais são realistas ao passo que outras se baseiam nos mitos que afluem deste reino montanhês. Por vezes conhecido como Shangri-la, o último país a ser tocado pelo mundo moderno, o Tibete está localizado nos altos do Himalaia. As suas fronteiras foram por muito tempo praticamente inacessíveis para todas as pessoas, com exceção dos visitantes mais intrépidos e determinados que se sentiam preparados para fazer longas caminhadas por caminhos montanhosos extremamente perigosos e ludibriar a linha oficial imposta aos visitantes estrangeiros. Para aqueles, porém, que se arriscavam por esta jornada perigosa, a recompensa era encontrar uma civilização antiga quase que inalterada com o passar dos séculos.

O Antigo Tibete era quase que dois terços monástico, com muitos mosteiros e conventos de freiras, alguns deles abrigando milhares de monges. A maioria das famílias enviava pelo menos uma criança para ser ordenada. Este não era

Acima: O Dalai Lama meditando em casa na cidade de Dharamsala.
À direita: Bandeiras de oração do alto do Mosteiro Samye, Tibete.

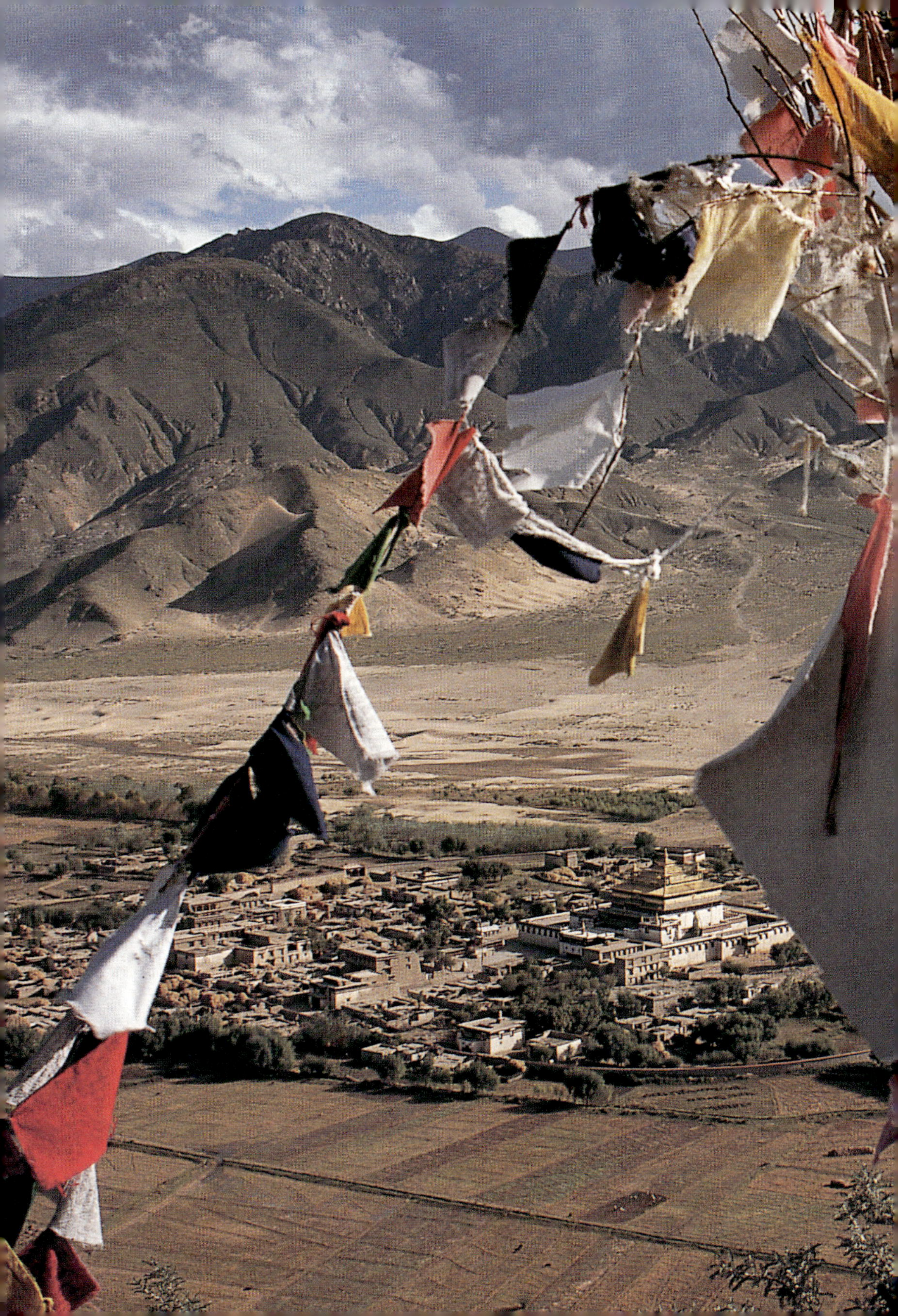

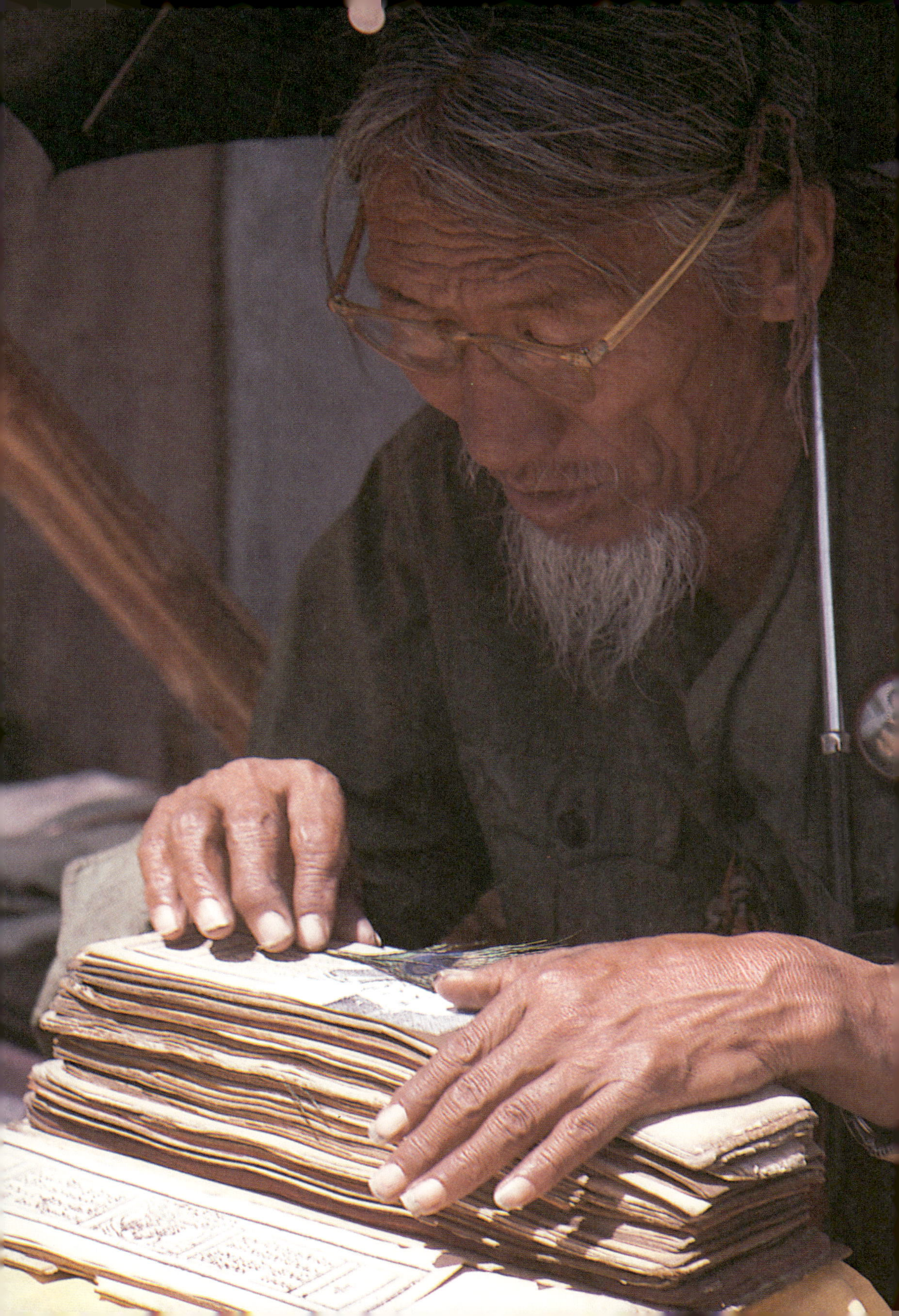

Uma mulher tibetana aristocrática de Shigatse vestindo traje regional, final do século XIX.

Um homem tibetano idoso lendo orações tradicionalmente impressas usando blocos de madeira

um caminho estritamente vocacional, nem tampouco eram todos os monges e freiras pessoas inteligentes e imersos em estudos religiosos, mas ao se tornar um monástico, a criança submetia-se a uma forma de vida tradicional. As pessoas ordenadas viviam nas poucas grandes cidades e numerosos pequenos vilarejos ou tornavam-se nômades ambulantes que levavam seus rebanhos para o pastar. O Budismo também era parte integral de seus estilos de vida, e muitos ordenados eram profundamente religiosos.

Os tibetanos são pessoas fortes especialmente pelo fato de o clima ser severo e hostil. O Antigo Tibete não possuía nada além dos serviços de saneamento mais básicos, e muitas pessoas não tinham acesso à educação não-monástica. A medicina tibetana, embora relativamente sofisticada e eficaz, também não estava amplamente disponível às pessoas comuns. Embora a maioria delas tivesse um compromisso com os princípios Budistas de paz e não-violência, alguns exemplos da antiga história tibetana são surpreendentemente sanguinários e trazem relatos de golpes políticos e conspirações homicidas. Entretanto, a maioria da população neste reino montanhoso, na virada do século, estava contente com seu destino, vivendo com poucas mudanças assim como os seus predecessores sempre viveram intimamente ligados à paz e em harmonia consigo mesmo e com seu meio ambiente. Este foi o mundo no qual o 14º Dalai Lama nasceu e que, desde então, desapareceu para sempre.

Crianças nômades tibetanas vestindo casacos de pele de carneiro chamados de chubas

Atualmente, o Dalai Lama vive em Dharamsala, norte da Índia, nas colinas baixas ao pé das montanhas do Himalaia, junto com a maioria dos tibetanos exilados. O som das cornetas tibetanas anunciando as cerimônias Budistas vagueiam pelo ar das montanhas, e bandeiras de orações agitam-se ao vento como sempre fizeram. Ao longo das ruas principais, existem pequenas lojas que vendem roupas tibetanas tradicionais, artefatos religiosos e jóias, ao lado de livros de literatura, pôsteres e bandeiras, que clamam por um Tibete livre. Embora, assim como nas cidades indígenas vizinhas, as coisas pareçam um tanto malcuidadas aos turistas ocidentais, existe um censo de prosperidade acelerada. No entanto, por trás das principais vias públicas tudo é diferente.

Uma mãe e uma criança nômades em Amdo (atualmente uma província chinesa) segurando uma foto do Dalai Lama que ganhou de um viajante estrangeiro; fotos como essa são geralmente proibidas pelas autoridades chinesas.

Ali existem pequenas favelas de barracos pobres e de telhados mal acabados, onde muitas das pessoas que fogem do Tibete e vêm para as montanhas em busca de liberdade, incapazes de trazer consigo seus inúmeros bens, acabam morando.

A residência do Dalai Lama fica em um complexo agradável próximo ao templo principal, mas é um lugar modesto para um homem que é o líder de um governo, embora exilado, e uma figura internacional renomada. Na maior parte do tempo, ele está sempre atendendo aos inúmeros pedidos de ensinamentos Budistas, participando de conferências e, incansavelmente, repetindo sua mensagem de paz, amor e compaixão em lugares públicos no mundo todo. Quando ele está em casa, recebe um fluxo constante de visitantes, os quais são todos recebidos com o mesmo entusiasmo cordial e bem-humorado, seja este visitante um dignitário estrangeiro ou simplesmente uma das muitas pessoas comuns que desejam ter um breve encontro com ele.

O tempo todo durante suas viagens ele fala da tragédia que seu povo vem sofrendo, sejam exilados ou moradores do Tibete sob a opressão do regime chinês. Durante sua visita ao Reino Unido em 1996, ele verbalizou sua preocupação com grande pesar de que uma cultura sem igual estava ameaçada de ser destruída para sempre. Ainda assim, nenhum governo estrangeiro importante formalmente reconhece que o governo tibetano esteja exilado.

Ao ganhar o Prêmio Nobel da Paz em 1989, os métodos pacifistas do Dalai Lama receberam reconhecimento internacional ao tentarem resolver a ocupação chinesa do Tibete. Ele continua tentando negociar com o governo chinês, apesar de não receber resposta dele, mas sempre permanece aberto ao diálogo. Às vezes ele parece triste, quase desesperado, em suas tentativas de ganhar ajuda para seu povo. Ainda assim, sempre que o Dalai Lama propaga os ensinamentos Budistas, ele se sente evidentemente feliz ao se ver capaz de dividir a sabedoria do Budismo, e durante suas palestras públicas demonstra ser uma pessoa muito divertida e inspiradora.

O Dalai Lama desenvolve muitos papéis: espiritual e líder político dos tibetanos, professor Budista, porta-voz da paz, proponente entre crenças e embaixador de seu povo e de seu país sofrido.

Uma jovem garota Khampa usando um trançado de seda vermelha em seus cabelos, junto com pedaços de turquesa e coral.

Uma jovem garota tibetana sentada próxima às bandeiras de oração em um caminho de montanhas

Uma stupa (monumento comemorativo Budista) no Mosteiro Drigung, 60 milhas (cem quilômetros) nordeste de Lhasa, contendo relíquias do fundador Jigten Gonpo.

Ainda assim, ele freqüentemente se descreve como um simples monge Budista, e é assim que ele se sente um ser humano verdadeiramente feliz. É esta simplicidade que permite a ele sintetizar seus outros papéis e passar de um para outro com tanta facilidade e também possuir a qualidade que o torna tão importante para as pessoas no mundo todo.

Como integrante de uma equipe de filmagens que gravou o Dalai Lama em várias ocasiões, tive a preciosa oportunidade de estar próximo a ele. Nunca deixei de me sentir impressionado com sua receptividade e prazer em receber pessoas, assim como com o fato de todos os que o encontram se sentirem tocados de forma considerável. De fato, o seu apelido tibetano é "Kundun", que significa "A Presença", e até mesmo jornalistas rígidos que acreditam que já "viram de tudo" ficam surpresos diante das reações das pessoas com este homem. *O Mundo do Dalai Lama* é um tributo à Sua Santidade o Dalai Lama. Ao escrever este livro, espero estar abrindo o mundo do Dalai Lama para todos aqueles que o lerem.

Old Tibet
(Antigo Tibete)

Mapa do Antigo Tibete mostrando as principais cadeias de montanhas, países vizinhos, grandes mosteiros e cidades.

Símbolos

❖ grandes mosteiros

● centros urbanos/cidades

▲ montanhas

▬ 1914 fronteira

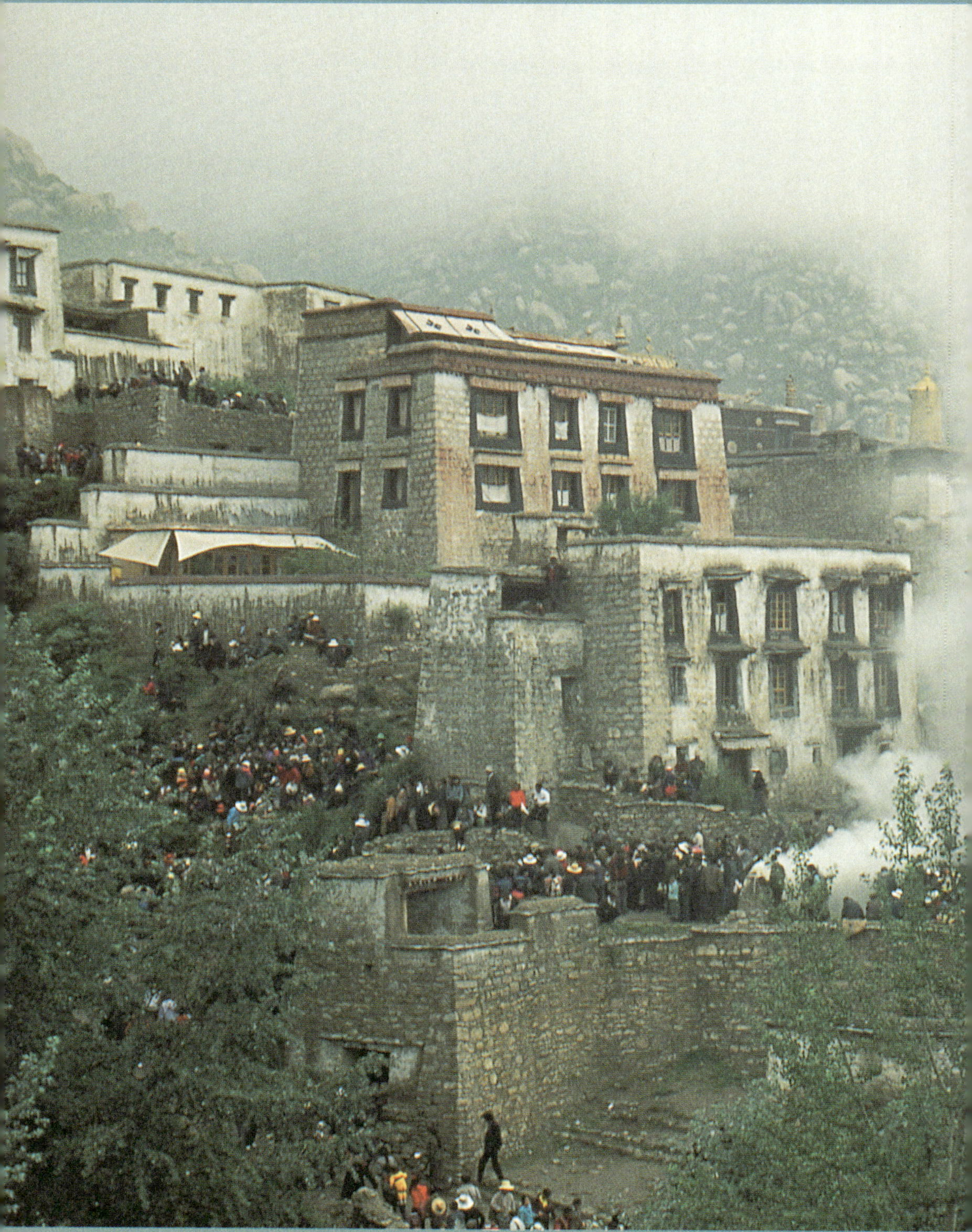

Parte um

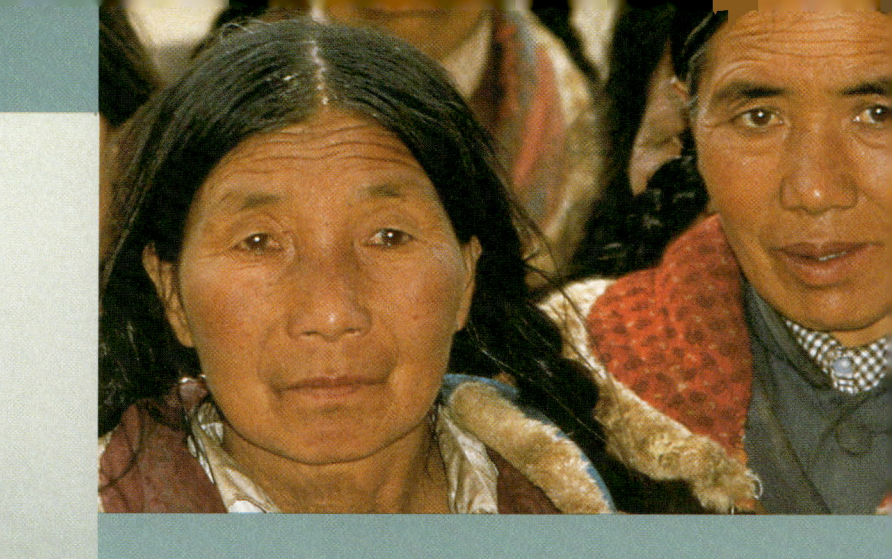

TIBETE

I

O Tibete Antes da Invasão Chinesa

O Antigo Tibete não era perfeito. Ainda assim é verdadeiro dizermos que nosso modo de vida era algo muito marcante. Certamente havia muito que valia a pena termos preservado que hoje está perdido para sempre.

14º DALAI LAMA

O Tibete é o país mais alto do mundo, com uma altitude média de 15.000 pés (4.572 metros). Ele é dividido em três principais províncias: Kham, Amdo e U-Tsang, a última contendo a capital, Lhasa. O platô tibetano é circundado por montanhas, com o famoso Himalaia ao sul, e outras cadeias formando uma barreira natural quase sem espaços, com exceção do nordeste. Este fato geográfico ajuda a explicar por que a cultura do Tibete foi capaz de permanecer quase que intocada por um período de tempo tão longo.

A FORMA DE VIDA TIBETANA

O Tibete é um país de beleza devastadora e grande crueldade, com montanhas espetaculares, vastidão, planícies áridas no centro derramando-se até planaltos férteis, vales e florestas enormes. Esta natureza dupla está refletida no caráter tibetano, que é da mesma forma cruel e gentil. Sua ferocidade, que garante a sobrevivência em um clima tão duro, fica temperada pela reverência Budista para com todos os seres vivos, que é expressada com compaixão e sabedoria. Esparsa-

Página anterior:
Sentido horário da esquerda: multidões apreciando o Festival Shoton no Mosteiro Drepung; duas mulheres nômades; uma garota nômade usando uma coroa de corais e turquesas.

Nesta página, à direita: um homem de Khampa com um yak (boi tibetano) em Hebu, próximo à Samye.

> *No Tibete, a terra mais alta do planeta, até mesmo vales vão além do cume de qualquer montanha na Europa, Canadá ou nos Estados Unidos.*
> Sir Charles Bell

mente habitado — um país com o tamanho da Europa Ocidental habitado por apenas sete milhões de pessoas — e com um sistema feudal conservador, a vida continuou naturalmente com pouca influência externa.

Com o estabelecimento do Budismo no século VIII, enormes mosteiros gradualmente nasceram, que por fim tornaram-se o lar de um quarto da população masculina. Um número não tão expressivo de conventos de freiras também existiu. Como com suas cópias Ocidentais, os mosteiros eram centros de aprendizado e cultura assim como de buscas religiosas. Os monges tibetanos tinham a oportunidade de estudar medicina e astrologia, arte e escultura, literatura e poesia. Todos os estudos eram baseados nos dogmas do Budismo, que formavam o centro da educação monástica, tal como a crença de que todas as coisas são passageiras e sujeitas a mudanças, causando assim a natureza inerente da existência ser insatisfatória.

Ao lado do conhecimento adquirido existiam os rituais, orações e cerimônias do Budismo tibetano.

Existem mantras (sons sagrados) coloridos, complexos e encantadores, recitando textos e orações, interpretando mudras (gestos manuais simbólicos), e danças dos Lamas (Sacerdotes do Tibete) em que os devotos encenam batalhas metafísicas com demônios, por meio de movimentos e rituais. Haviam também adeptos de ioga grandiosos e solitários que passavam muitos anos praticando o ascetismo e a meditação em cavernas isoladas. Após compreenderem realidades profundas sobre a existência, eles atraíam discípulos que pediam ensinamentos.

O diretor de um mosteiro era chamado de um — literalmente, "pro-

Monastério Samye, fundado por Trisong Detsen no século VIII, o primeiro mosteiro Budista no Tibete.

Vista da vila de Shol ao pé de Potala, fotografada aqui em 1954. A vila está hoje quase totalmente destruída.

fessor espiritual" — e assim existiam vários lamas na hierarquia monástica. Haviam também os aspectos mundanos da existência para serem cuidados, e monges que não eram particularmente propensos ao estudo espiritual profundo ou à arte, que se tornavam cozinheiros ou jardineiros, embora, naturalmente, passassem parte do dia realizando práticas religiosas. Os mosteiros eram lugares independentes que atendiam a todas as necessidades dos monges, tanto espirituais quanto físicas. Eles eram financiados pela sociedade leiga por meio de um sistema de impostos, que era por vezes repressivo e impedia a mobilidade social e econômica. Entretanto, os leigos aceitavam esta imposição com certa cordialidade, e em troca de material de apoio, os monges ofereciam conselhos religiosos, consultas espirituais, cerimônias e orações que marcavam falecimentos e outros grandes eventos.

Paralelo à hierarquia religiosa, também existia uma aristocracia. Por intermédio dos séculos tinham existido vários reis e dinastias, que estabilizavam uma elite nobre, algumas das quais com membros que podiam traçar suas origens chegando até os reis de Yarlung pertencentes à primeira dinastia real registrada. Eles usavam roupas vistosas de seda bordada com desenhos em relevo, não diferente das batinas cerimoniais suntuosas dos grandes sacerdotes, e jóias geralmente pesadas e impressionantes usadas pelos nobres, demonstrando assim, sua importância na sociedade. Isso não era pura ostentação, porém, a aristocracia, junto da hierarquia religiosa, comandavam o país.

> *Que espetáculo maravilhoso é ver uma cavalgada de importantes oficiais tibetanos em suas lindas roupas bordadas chinesas, douradas e azuis, montados em seus pôneis peludos e mulas, vindo por cima de uma montanha caminhando em sua direção, iluminados pela brilhante luz do sol tibetano em um céu limpo e sem nuvens.*
>
> SIR CHARLES BELL

Em troca das grandes propriedades onde viviam, a nobreza realizava serviços governamentais. Cada trabalho administrativo era chefiado por um monge e um membro da nobreza. Isto evitava que qualquer uma das partes ganhasse poder demais impedindo a corrupção. Este sistema bem-sucedido funcionou desde a inauguração do governo dos Dalai Lamas até 1959. Sua intimidade com a hierarquia religiosa também evitava que a nobreza se degenerasse na decadência, já que todos os seus membros cuidavam de uma sala de capela familiar e mantinham um certo número de monges seguidores que realizavam orações e rituais diários.

A nobreza ainda gozava de uma participação privilegiada e ostentava muitas posses admiráveis, quase sempre raras no Tibete, e sinais simbólicos de empreendimentos bem-sucedidos. Festas e piqueniques que normalmente duravam alguns dias de cada vez eram comuns no verão. Eles aconteciam em jardins bonitos e bem-cuidados que tinham uma grande variedade de flores e plantas, junto com pavões e outras formas de vida selvagem. A *shang* — cerveja tibetana feita de cevada fermentada — era servida nessas ocasiões. Mas a influência moderada do Dharma (os ensinamentos Budistas) impedia que o usufruto do privilégio e da luxúria entre os nobres se tornasse excessivo.

O restante da população era em sua maior parte composta de fazendeiros nômades e comerciantes que viviam em pequenos povoados ou nos poucos grandes centros urbanos. Variações regionais, tais como estilos diferentes de roupas e dialetos, se davam em sua maior parte devido à vastidão do país; partes do Tibete eram virtualmente não-habitadas, o que dificultava a comunicação freqüente com os vizinhos distantes. As terras mais altas eram habitadas por nômades que viviam em barracas e vagavam por entre pastos com enormes manadas de iaques (bois tibetanos) e ovelhas, de acordo com a estação do ano. Independentes e amantes da liberdade, eles se mantinham isolados, fazendo apenas algumas poucas viagens até os centros urbanos todo ano para comercializar carne, queijo, peles, sementes, chás e armas.

Nos vales mais baixos e férteis os fazendeiros viviam em sua maior parte em pequenos assentamentos e cultivavam cevada, plantações de fibras e comida. A cevada era tostada e moída junto com a *tsampa* (farinha de cevada), que era misturada em grandes tigelas de chá tibetano com manteiga e sal, e formavam a principal refeição nacional. Esses agricultores trabalhavam como servos nos mosteiros vizinhos e nas propriedades dos nobres com mais freqüência do que seus primos nômades, e pagar impostos de trabalho, produtos, e dinheiro era a forma de vida aceita da qual não havia possibilidade de escapar.

No chá é misturado manteiga e um tipo de bebida com gás que é encontrada em forma de um pó branco às margens de lagos e, principalmente, nas terras altas do norte e do oeste do Tibete. As pessoas bebem entre vinte e cinqüenta xícaras de chá de tamanho normal por dia. Os europeus desaprovam a bebida fortemente, mas ela não é prejudicial.
SIR CHARLES BELL

O comércio, entretanto, proporcionava uma forma alternativa, tanto geográfica quanto econômica. Caravanas de comerciantes partiam no outono após cada colheita, algumas viajando por dentro do país, outras fazendo longas viagens até a Índia, China ou Mongólia. Eles comercializavam espécies de comida, sal, ouro, ervas medicinais, lã e chá, prata, seda, ferramentas, tabaco e outros itens estrangeiros de luxo. Essas caravanas podiam ser atacadas por bandidos senão estivessem muito bem protegidas, e a jornada era freqüentemente perigosa. Comerciantes bem-sucedidos, no entanto, se davam bem e alguns decidiam não retornar.

Não apenas produtos eram comercializados. As grandes rotas de comércio também davam recursos para as comunicações culturais e religiosas: textos sagrados eram apresentados, e os professores

Ranee Taring, um aristocrata famoso dos anos de 1930.

Um dos principais lamas Nyingma, o último Dilgo Khyentse Rinpoche.

À direita: Mulheres colhendo grãos na safra de Nyemu, próximo a Shigatse, no oeste do Tibete.

da Índia visitavam o Tibete, enquanto alguns tradutores tibetanos passavam anos trabalhando nos grandes mosteiros indianos dando aulas antes de voltarem para casa trazendo consigo seus textos traduzidos. Tal troca de idéias ajudava o Budismo no Tibete a desenvolver suas próprias práticas particulares, conforme o Budismo ao mesmo tempo tinha o seu declínio acontecendo na Índia.

LHASA

Pessoas de todas as classes sociais estavam propensas a gravitar até Lhasa em algum ponto de suas vidas. Não somente a cidade capital oferecia acesso a uma variedade de mercadorias que não eram facilmente encontradas em outros lugares, onde a população podia assistir a óperas tibetanas e outras possibilidades de entretenimento, como também Lhasa abrigava muitos dos principais templos de adoração e ainda era o lar do Dalai Lama.

Muitas pessoas das regiões mais longínquas do Tibete viajavam por semanas, às vezes meses, para fazer uma peregrinação até a cidade sagrada, um evento importante em suas vidas.

Construída próximo ao Lago Otang na província de U-Tsang, a cidade foi originalmente chamada de Rasa, uma palavra que reflete o som do vento fazendo a água se movimentar. Songtsen Gampo,

O MUNDO DO DALAI LAMA

que governou por vinte anos durante o século VII, foi o primeiro a chamar a cidade de Lhasa, que tinha o significado de "Solo dos Deuses", e mudou sua capital para lá que era antes em Yarlung. Em Lhasa ele também construiu o templo mais sagrado do Tibete — o Jokhang — que foi mais tarde incrementado pelo 5º Dalai Lama com muitas estátuas sagradas antigas.

Peregrinos caminhavam em círculo pelo Jokhang no Bakor, por uma seqüência de ruas que circundavam o templo. Eles faziam esta caminhada ao mesmo tempo que prostravam-se de corpo inteiro no chão, movimentando para a frente uma parte do corpo, e, em seguida, repetindo o procedimento, garantindo assim a si mesmos um grande mérito espiritual. Outros caminhavam enquanto declamavam suas recitações de mantras com seus terços de contas chamados de *mala*, ou enquanto caminhavam, giravam seus círculos de oração — rodas de metal circulares montadas sobre um braço de madeira que traziam orações impressas por blocos de madeira com papéis. Ao longo das ruas encontravam-se barracas de mercado vendendo uma grande variedade de produtos, e comerciantes se misturavam livremente com aqueles que prestavam suas devoções religiosas.

Uma caravana de iaques (bois tibetanos) carregada de bagagens se aproximando do Monte Evereste.

Bóias-frias carregando pacotes de chá pesando aproximadamente 300 libras (136 quilos) da China até o Tibete, 1908.

Em uma colina à oeste da cidade principal fica o Potala. Construído pelo 5º Dalai Lama, este palácio imponente e bonito tem sido o lar de todos os Dalai Lamas subseqüentes. Sendo também onde ficam os aposentos pessoais do Dalai Lama, o Potala continha várias capelas, templos e corredores construídos para propósitos religiosos e governamentais. Por volta da época do 8º Dalai Lama, o Potala se tornou os aposentos de inverno do Dalai Lama, o Norbulingka (O Parque das Jóias) passando a ser a sua residência durante o verão. Muitos dos famosos mosteiros do Tibete estavam localizados nas redondezas, incluindo o tão conhecido "O Grande Trio", Ganden, Drepung e Sera.

Lhasa era uma cidade antiga próspera, a sede do governo, um lugar de peregrinação e o berço da sociedade tibetana. Monges, comerciantes, nobres, peregrinos, pedintes, crianças e animais se misturavam livremente nas ruas cheias de alvoroço. Grandes multidões se reuniam para importantes festivais religiosos como o Monlam, ou "Festival da Oração", no início da primavera. Estas eram ocasiões alegres, com celebrações e festividades intercaladas por uma cerimônia religiosa. Aconteciam enormes procissões coloridas que desfilavam pelas ruas mostrando estátuas sagradas, enquanto o cheiro de incenso e lampiões perfumava o ar.

O último dia do Festival Monlam era comemorado com atividades ao ar livre. Primeiramente, uma grande estátua de Maitreya, o Buda que estava por vir, puxava a procissão ao redor do perímetro da velha cidade... Logo depois que a estátua completava seu circuito, havia uma grande comoção enquanto as pessoas voltavam sua atenção para as atividades esportivas. Tudo isso trazia muita diversão e envolvia corridas a cavalo e corridas abertas para o público.

14º Dalai Lama

Esta cultura feudal antiga, entretanto, não era perfeita. Fora dos mosteiros existia pouca educação formal; o saneamento e a higiene eram precários; e havia pouca oportunidade para que a vida de alguém pudesse mudar. Prevaleciam as conspirações políticas e as guerras pelo poder especialmente durante os períodos de fraqueza entre os Dalai Lamas quando um regente governava até que a nova encarnação surgisse. Lhasa tinha uma prisão, e as penalidades para os crimes podiam ser brutais. Os bandidos, assim como os animais selvagens, atacavam os viajantes não cuidadosos, e o clima severo junto à estrutura ecológica delicada tornavam a agricultura um negócio arriscado.

Ainda assim as pessoas prosperavam dentro dos limites do sistema. Não existiam grandes problemas como a fome, e a maioria da população estava feliz com sua situação. Devido ao fato de a maioria das famílias enviar pelo menos um filho para um mosteiro, a religião era uma parte integral da vida; ela também proporcionava uma forma de vida e de sustento para aproximadamente um quarto dos habitantes. O espírito do Budismo, com sua ênfase na compaixão, reverência pela vida e tolerância, permeava tudo, e o "último Shagri-la," embora não fosse um paraíso, era um país satisfeito.

ANTIGO TIBETE

O Tibete faz fronteira com dois grandes países, Índia e China, e vários outros menores, incluindo a Mongólia, cujas pessoas são racialmente similares aos tibetanos. O Tibete foi originalmente ocupado por pequenas tribos que continuamente guerreavam pela supremacia, até que o seu primeiro principal império se desenvolveu com o surgimento de Nyatri Tsenpo em aproximadamente 500 a.C. (versão não- cristã para antes de Cristo). A lenda diz que ele caiu dos céus,

Ministros do governo tibetano antes da invasão chinesa.

mas mesmo que tivesse surgido de forma mais convencional, ele ainda assim recebeu o crédito de ter fundado a Dinastia Yarlung.

Até o reinado do 28º rei Yarlung, Lhatotori, no século quatro, os governantes tinham todos seguido a religião pagã Bon. Durante este tempo uma outra lenda afirma que as escrituras Budistas caíram do céu e convenientemente chegaram à corte do rei onde foram bem recebidas. Isso deu início a uma longa batalha entre o Bon e o Budismo. No século VII Songtsen Gampo fortaleceu a posição Budista ao se casar com uma esposa chinesa e uma nepalesa que trouxeram consigo estátuas preciosas de seus respectivos países Budistas, e a prática devota das esposas estimulou um interesse pelo Budismo.

No século VIII Trisong Detsen consolidou o Budismo no Tibete ao convidar Padmasambhava, um grande professor de ioga tântrica da Índia, para subjugar os demônios locais que eram hostis ao Budismo e houve um grande debate e uma exibição de feitos mágicos entre Padmasambhava e os pastores de níveis mais elevados do Bon; Padmasambhava venceu espetacularmente, o que encorajou os ensinamentos Budistas a se espalharem amplamente entre a população. Entretanto, no século IX, o Budismo foi violentamente reprimido pelo rei Langdarma, um leal seguidor do Bon. O assassinato subseqüente de Langdarma por um monge Budista enraivecido, deu início ao legado da grande Dinastia Yarlung.

Da Índia ele [o Tibete] recebeu o Budismo, o qual foi modificado para atender aos seus próprios instintos, desenvolvendo assim uma religião nacional forte, a mais preciosa de todas as suas posses.

SIR CHARLES BELL

Vários principados pequenos então surgiram. Alguns ao oeste do Tibete seguiam o Budismo, enquanto outros no centro do Tibete se voltaram para o Bon. No século XI o Budismo floresceu novamente com a chegada do grande guru indiano Atisha e do professor indiano Naropa, assim como Marpa, que ensinavam os princípios mais famosos da ioga "santa" Milarepa. Conhecido como a "Segunda Disseminação da Doutrina no Tibete", este período tornou-se um renascimento do aprendizado, tradução e arte sagrada Budista. No entanto, no início do século XIII, o notório e brutal Gêngis Khan conquistou a Ásia central. Quando seus enviados chegaram ao Tibete vindos da China dominada pela Mongólia, os tibetanos recuaram, esperando evitar possíveis futuras interferências.

Ainda assim, o fracasso do Tibete em efetuar os pagamentos prometidos à Mongólia, causou a invasão, alguns anos mais tarde, pelo neto de Gêngis Khan.

As ruínas de Tholing no antigo reino de Guge, oeste de Tibete.

Após uma demonstração de força envolvendo o saqueamento de um mosteiro e a chacina de muitos monges, Godan Khan, ironicamente, mas com diplomacia, forjou ligações com uma das tradições das hierarquias religiosas tibetanas, por estar ciente de seu poder político em potencial, bem como seu prestígio religioso. O acordo foi rompido com Sakya Pandita, chefe dos Sakyas, o que enfureceu os chefes de outras tradições, visto que o Khan tornou o Sakya Pandita regente do Tibete. Isso garantiu auxílio espiritual para os líderes da Mongólia e força política para os Sakyas dentro do Tibete, embora o país permanecesse sob o domínio mongol. Essa condição durou cerca de um século.

> *A noção de "padre-protetor" era algo convenientemente ambíguo que na Ásia tradicional as relações políticas podiam funcionar para a vantagem de ambas as partes sem nenhuma delas sentir-se prejudicada. Para os políticos mongóis e manchus, o protetor naturalmente ocupava uma posição superior em relação ao padre. Mas, para os religiosos tibetanos, o padre ocupava o poder real e superior...*
>
> STEPHEN BATCHELOR

Enquanto o poder dos mongóis diminuía, o líder nacionalista Jangchub Gyeltsen depôs o regente Sakya e se tornou o governante do Tibete em 1354. Quando o povo chinês nativo Ming assumiu o poder depois dos mongóis na China muitos anos mais tarde, os tibetanos decidiram se livrar de seu relacionamento "padre-protetor", e o Tibete tornou-se independente pelos trezentos anos seguintes. Durante este período, era o Kagyus quem governava, e as demais tradições continuavam a competir pelo poder.

Enquanto isso, na Mongólia, Altan Khan, um descendente mais ameno de Gêngis, continuava a olhar para o Tibete com interesse. Ele estava interessado pelo novo Geluk que tinha surgido, ou também chamado de reforma, escola que tinha sido criada por Tsongkhapa na segunda metade do século XIV. O Khan arranjou um encontro com Sonam Gyatso (nascido em 1543), o então lí-

O Palácio Potala em Lhasa, ampliado pelo 5º Dalai Lama e lar dos Dalai Lamas desde o século XVII.

der dos Gelukpas, e ficou muito impressionado com este homem religioso que deu a ele o título de Dalai Lama, e da mesma forma retrospectivamente tinha conferido o mesmo para seus dois predecessores. Esse foi o estabelecimento da linhagem dos Dalai Lamas, que perdura até hoje.

Entretanto, as outras tradições e governantes locais poderosos se sentiram ameaçados por esta aliança Gelukpa—Mongol e o 4º Dalai Lama foi assassinado em um golpe em 1616. Os mongóis, ainda apoiando os Gelukpas, invadiram o Tibete, sufocaram a rebelião, e nomearam com firmeza o 5º Dalai Lama, que, pela primeira vez no Tibete, tinha controle absoluto, secular e religioso. Conhecido como o "Grande Quinto", ele governou com sabedoria e trouxe um senso de unidade nacional para o país.

O 6º Dalai Lama foi um governante inadequado, preferindo escrever poesias e se envolver em casos amorosos. Isso trouxe instabilidade política mais uma vez, e o poderoso imperador chinês, K'ang Hsi, encorajou o príncipe mongol, Lhabzang Khan, a invadir o Tibete e substituir o 6º regente do Dalai Lama, que em efeito estava governando o país, com a intenção de reconquistar a estabilidade. A ação foi bem-sucedida, e o Khan ofereceu o Tibete em tributo ao imperador chinês. Um outro grupo de mongóis, os Dzungars, que tinham sido aliados do regente assassinado, então mataram Lhabzang Khan em um outro golpe.

O imperador K'ang Hsi abateu esta rebelião rapidamente e nomeou o jovem 7º Dalai Lama em 1720. Em 1721 ele declarou que o Tibete estava sob a proteção da China, mas a intervenção chinesa só foi necessária em uma ocasião algum tempo depois: em 1972, quando eles ajudaram os tibetanos a evitar uma invasão dos nepaleses. Desde então, o relacionamento entre o Tibete e a China tornou-se uma formalidade. Vários Dalai Lamas e regentes depois disso governaram mais ou menos pacificamente por pouco mais de um século, e a única mudança importante que aconteceu durante o século XIX foi o fechamento das fronteiras para os estrangeiros, criando assim um país isolado e religioso.

HISTÓRIA RECENTE

Pode acontecer que aqui, no centro do Tibete, a religião e a administração secular possam ser atacadas tanto por pessoas de fora quanto por pessoas daqui mesmo... Todos os seres serão arrastados para um grande sofrimento e para o medo avassalador; os dias e as noites serão atacados pelo sofrimento.

13º Dalai Lama

Tubten Gyatso, o 13º Dalai Lama e o predecessor imediato do atual 14º Dalai Lama, era o chefe do Tibete enquanto o mundo entrava no século XX. Ele era um governante forte e sempre muito preocupado com a posição precária de seu país, especialmente quando ele foi forçado ao exílio duas vezes durante seu reinado. Primeiro, em 1904 quando uma expedição britânica não-convidada, chefiada pelo Coronel Francis Younghusband, foi enviada da Índia, então uma colônia inglesa, fazendo com que Tubten Gyatso fugisse para a Mongólia. Ostensivamente preocupado com a intervenção russa, os ingleses também asseguravam os acordos comerciais, porém o mais importante de tudo, eles demonstravam o relacionamento não substancial entre a China e o Tibete.

Isso de certa forma provocou uma invasão chinesa dos Manchus em 1910, que tentou fazer do Tibete uma província da China. O 13º Dalai Lama foi obrigado a fugir mais uma vez, dessa vez de forma irônica, para a Índia Britânica. Os manchus governaram somente por algum tempo, sendo expulsos pelos tibetanos um ano mais tarde, quando seu próprio país estava provando o tumulto da revolução. O 13º Dalai Lama então voltou do exílio e anunciou a independência do Tibete.

BON

O Bon era a religião pagã dos nativos do Tibete antes do Budismo e, embora a maioria tenha adotado a nova religião, ela ainda existe até hoje.

O Bon se baseava em sua maior parte na adoração das forças da natureza. Mas ela era mais do que simplesmente isso; ela era fortemente organizada e... O Budismo venceu somente ao ter se fundido com o Bon, adotando muitas de suas idéias.

Sir Charles Bell

O Bon envolvia a adoração de espíritos bons, a conciliação dos demônios, e para se alcançar isso também era preciso que animais fossem sacrificados.

Os tibetanos dividiam isso em os Bon Brancos e os Bon Negros. Os Bon Brancos tornaram-se hoje quase totalmente iguais aos Budistas, sendo que as diferenças entre eles não eram consideradas vitais pelos Bon Negros... Mas os Bon Negros não são contra os Budistas; eles são hereges. Eles controlam a vida, matam animais para realizar rituais de sacrifícios.

Sir Charles Bell

A China, entretanto, anunciou não somente o Tibete, mas também a Mongólia, a Manchuria e Xinjiang como sendo suas províncias. Incapaz nessa época de realmente ocupar esses territórios, os chineses ainda representavam uma ameaça real à soberania tibetana. Isso fez com que os ingleses organizassem a Convenção Simla em 1914 entre eles mesmos, os tibetanos e os chineses. A finalidade era esclarecer o relacionamento entre os três países, porém, visto que a situação se encontrava de alguma forma sombria e confusa, as negociações se prolongaram por cerca de seis meses.

Na conclusão, foram preparados documentos que propunham que o Tibete se tornasse um Estado autônomo, porém sob domínio da China. Em termos práticos, isso teria permitido que os tibetanos alcançassem a liberdade dentro de suas próprias fronteiras, enquanto submetiam-se à China em questões de política estrangeira. Os tibetanos e os ingleses queriam assinar e tornar esta posição oficial, mas os chineses se recusaram a aceitar este acordo e em 1950 invadiram o Tibete para "reuni-los novamente (os tibetanos) com a terra mãe". O Tibete até hoje continua sendo um país ocupado.

2

A Invasão Chinesa e o Depois

No dia 9 de setembro [1950], 3.000 tropas do Exército da 18ª Rota marchou até Lhasa, tubas e tambores repicando, retratos de Mao e Zhou Enlai erguidos, em meio a falanges de bandeiras vermelhas da China, uma das quais tinha uma de suas pequenas órbitas, contornando a grande estrela amarela em seu centro, que era então o Tibete.

JOHN AVEDON

Depois de vários anos de desordem interna, a China foi finalmente unida como resultado da criação da República da China do Povo em 1949 sob o novo governo comunista chefiado por Mao Tsetung. No espaço de alguns meses o governo chinês anunciou publicamente na Rádio Peking seus planos de "liberação" de seu vizinho Tibete, junto com Taiwan.

O Tibete era nessa época governado por uma regência do 14º Dalai

Figura principal: Multidões caminham distraidamente passando por um pôster do Presidente Mao.
À esquerda: Um exército tibetano insuficiente e mal preparado aguardando a invasão chinesa.

> *De forma geral, nós tibetanos somos muito religiosamente orientados e existem muitos de nós que são também profissionais, mas acreditamos que o país estaria à salvo sem o esforço humano, através de orações somente, resultado do conhecimento limitado.*
> 14º DALAI LAMA

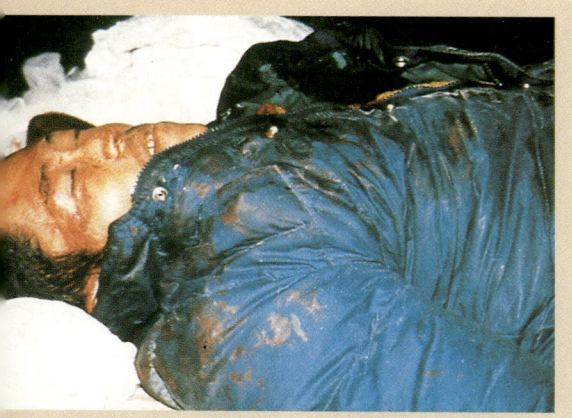

Um homem ferido fatalmente pela polícia chinesa durante uma passeata pela paz em busca da independência tibetana

Lama que ainda não tinha atingido a idade necessária para assumir o reinado do governo. O regente original, Reting Rinpoche, tinha sido removido desta posição de poder depois de escândalos causados por má conduta sexual e corrupção em geral. O novo encarregado, Taktra Rinpoche, também havia permitido que a corrupção tomasse conta dele, embora com uma natureza não tão séria, instigando o início de um golpe por parte de uns poucos seguidores de Reting Rinpoche a reconquistar o poder. Esse ato não sendo bem planejado, resultou em vários dias de luta e derramamento de sangue, que aconteceu de coincidir com a nova instalação de supremacia da China.

O Tibete estava, portanto, mal preparado para lidar com a ameaça de invasão. Como sempre sendo este um país amante da paz sem tendência a guerras, o Tibete tinha um exército que era insuficiente, mal equipado e não era páreo para o Exército de Liberação do Povo (PLA), que era bem treinado, recém-vitorioso e entusiasmado a incorporar o Tibete à "Terra Mãe". A política tibetana de "isolamento pacífico" também colheu a conseqüência das súplicas do país terem sido recusadas pelas Nações Unidas quando se apelou por ajuda.

O Exército de Liberação do Povo inicialmente fez uma excursão menor para dentro do Tibete oriental e invadiu a cidade de Dengkok. Os invasores chineses foram removidos depois de algumas semanas por uma divisão dos Khampas, tradicionalmente os guerrei-

Jigme Taring, uma aristocrata tibetana de Lhasa, vista aqui como um soldado.

ros do Tibete, renomados por sua independência e disposição para vingar-se contra os atos errados. No entanto, essa pequena vitória provou ser a única, e uma divisão ainda maior do PLA reconquistou Dengkok e todo o Chamdo depois de um ataque que começou em 7 de Outubro de 1950. O governador da área, Ngabo, embora tivesse a melhor posição militar, decidiu fugir e se entregar onze dias mais tarde.

Ao receber a notícia de que os chineses estavam somente a um dia no Oriente, enquanto por trás Riwoche estava sendo cercado, Ngabo perdeu sua paciência. Ele transmitiu uma mensagem por rádio dando à Lhasa permissão para render-se. Quando ela foi negada, ele juntou seus pertences, tirou seu grande brinco de ouro com turquesas que ficava em sua orelha esquerda, trocou suas vestes de seda amarela pelo uniforme de sarja cinza de um oficial júnior e fugiu na surdina no meio da noite.

JOHN AVEDON

A cavalaria chinesa carregando suas bandeiras até o Tibete

Os chineses anunciaram sua presença no Tibete na Rádio Peking no dia 25 de outubro, declarando que suas tropas estavam ali para "libertar os tibetanos da opressão imperialista". A Índia protestou imediatamente à China, mas foi fortemente repreendida por intrometer-se nas "questões internas" dos chineses, deixando Nehru, o líder indiano, com pouca chance de fazer novos protestos sem ativamente hostilizar seu poderoso vizinho. O progresso da ocupação chinesa continuou implacavelmente, culminando em uma marcha até Lhasa em Setembro de 1951.

Em Lhasa, as notícias acerca da perda de Chamdo se espalharam e todos começaram a perceber a gravidade da situação. O governo discutia a questão intensamente, enquanto as pessoas erguiam pôsteres pedindo que o Dalai Lama assumisse o poder. Por fim o Oráculo Gadong foi chamado. Os oráculos, e existiam vários, possuíam um significado fascinante no governo tibetano: quando questões graves surgiam, um oráculo era consultado. O oráculo falava por intermédio de alguém que entrava em transe e então, sob a influência dos espíritos guardiães ou divindades do Tibete, faziam pronunciamentos sobre como o governo deveria agir. Com o passar dos anos isso provou ser uma ajuda eficaz para os métodos mais tradicionais de como governavam o país.

Então o oráculo era invocado, e o médium entrava em transe. Quando os espíritos guardiães entravam em seu corpo, sua força crescia consideravelmente, e seus serventes rapidamente amarravam o toucado. Geralmente o toucado era pesado demais para ser usado sem apoio, mas durante o transe o oráculo dançava como se ele pesasse quase nada. Após oferecer ao jovem Dalai Lama o tradicional cachecol branco conhecido como um *kata*, o oráculo era formalmente interrogado pelos ministros que buscavam conselhos. "Façam dele o seu rei" foi a resposta que ouviram pouco tempo antes de o oráculo cair e o transe terminar.

Cheio de temor, o jovem Tenzin Gyatso de quinze anos de idade hesitou, relutante para se tornar o líder espiritual e secular de seu povo tão rapidamente. No entanto, ele logo percebeu que isso não se tratava de uma escolha pessoal, mas um conjunto de circunstâncias das quais ele teria de dar de si o melhor, já que o povo do Tibete precisava agora da autoridade do Dalai Lama.

> *Eu não podia recusar minhas responsabilidades, eu tinha de ampará-los, deixar minha infância de lado e imediatamente me preparar para dirigir meu país.*
>
> 14º DALAI LAMA

Assim, no dia 17 de novembro de 1950, de acordo com a cerimônia tradicional que aconteceu no Potala, o 14º Dalai Lama recebeu a liderança do Tibete.

A OCUPAÇÃO CHINESA

Durante os nove anos seguintes o Dalai Lama lidou com a situação da melhor maneira que pôde, mas rapidamente ficou claro que a promessa dos chineses de ajudar os tibetanos a chegarem à idade moderna construindo estradas e trazendo a eletricidade somente disfarçava o seu verdadeiro propósito. Este plano era o de se apoderar do Tibete e deixá-lo sob o total controle dos chineses corrompendo a cultura tibetana, o idioma e a religião. Os chineses também construíam minas em busca de minerais, sem nenhum respeito para com a terra e a vida animal selvagem, e instigavam programas de desflorestamento em massa, levando cargas de madeira para a China.

O Dalai Lama foi convidado para ir até a China admirar um caso modelo de pessoas felizes que estavam vivendo no comunismo, e ele teve vários encontros com Mao, porém, cada vez mais ciente de estar sendo manipulado, ele permaneceu introspectivamente céptico, embora extrovertidamente diplomático. Apesar de todas as promessas chinesas, a situação continuou a piorar, e o Tibete vivenciou sua primeira escassez de comida séria devido ao enorme influxo de soldados chineses. Apesar de suas súplicas de assistência repetidas, nenhum país apoiou o Tibete, embora várias atrocidades estivessem acontecendo, organizações dos direitos humanos internacionais passaram a condenar a atividade chinesa no Tibete. A situação continuou a deteriorar-se, culminando na fuga do Dalai Lama para o exílio.

A REVOLUÇÃO CULTURAL

Logo depois descobriram que o Dalai Lama tinha fugido, cientes de que ele não mais poderia servir seu país se fosse detido pelas autoridades chinesas, um estado de pandemônio estourou. Extre-

O Dalai Lama com o Primeiro-ministro Zhou Enlai, Índia, 1956.

Os destroços do Mosteiro Tse-Choling às margens do Rio Kyichu

mamente abatidos com a interferência chinesa em suas vidas e com seus amados líderes sendo forçados ao exílio, os tibetanos atacaram seus opressores, descarregando a fúria que tinha tomado conta deles desde a invasão. Entretanto, agora as forças chinesas estavam mais poderosas e mais armadas do que os tibetanos e, depois de lutas amargas, que resultaram em milhares de mortes, os chineses se ergueram triunfantes. Isso indicou o fim do pretexto da presença chinesa beneficiando os tibetanos, a destruição sistemática e o arrasamento de todos os aspectos da cultura tibetana, religião e bens naturais que possuíam.

Algumas melhorias, prometidas pelos chineses, de fato ocorreram, mas elas eram quase que exclusivamente para o benefício do número crescente de chineses vivendo no Tibete. Racistas declarados, a discriminação era praticada, e o povo tibetano começou a tornar-se uma classe inferior em seu próprio país. A pobreza, até então desconhecida, chegou e instalou-se com um abuso crescente contra os direitos humanos básicos. A discordância em qualquer forma era brutalmente reprimida, e grandiosas novas prisões foram construídas para abrigar os muitos tibetanos que se sentiam incapazes de aceitar o que estava acontecendo com sua terra natal e rebelavam-se. A felicidade e a prosperidade que haviam sido prometidas sob o comunismo chinês revelou-se como sendo *slogans* de mentiras e decepção.

Enquanto isso, na China, uma outra briga pelo poder estava sendo discutida. As reformas ideológicas extremistas de Mao tinham ofendido as visões moderadas do Presidente Liu Shaoqi, e apesar do fracasso de sua primeira estratégia de unificação, "O Primeiro Passo À Frente", Mao ainda foi capaz de assumir o poder em 1966. Isso anunciou talvez uma das épocas mais trágicas na moderna história humana, a Revolução Cultural, que resultou em mais sofrimento, e mortes do que aconteceu na Segunda Guerra Mundial. Entretanto, a China tinha fechado suas portas para o mundo externo, e apenas recentemente a estória completa foi revelada em seu horror coberto de pesadelos.

O Tibete, junto com outras "áreas minoritárias", sofreu ainda mais do que a terra principal da China. Seus cidadãos eram considerados reacionários contra a total uniformidade do proletariado, tendo sua própria língua, religião, vestimentas e outros hábitos culturais. No dia 25 de agosto de 1967, a Revolução Cultural chegou no Tibete, comandada pelos *Red Guards* (Guardas Vermelhos) nas pessoas de criminosos jovens e fanáticos que tinham recebido licença livre para destruir. Este foi o tom de suas declarações inaugurais:

> *Nós, um grupo de rebeldes revolucionários fora-da-lei, iremos brandir nossas espadas e balançar as fortes clavas para levarmos o velho mundo à desordem e as pessoas golpeadas para um completo estado de confusão.*

Enquanto os jovens do Ocidente ouviam as baladas de paz e amor dos Beatles e gozavam de uma liberdade sem precedente de auto-expressão, os jovens

O Mosteiro Ganden em 1991, ainda parcialmente em ruínas, embora algumas construções tenham sido hoje reconstruídas.

tibetanos testemunhavam sua cultura milenar sendo esmagada e destruída. Antigas escrituras religiosas preciosas — o trabalho de séculos — foram queimadas em uma fogueira que durou cinco dias; lindas estátuas Budistas antigas, pinturas e afrescos foram profanados e destruídos; construções históricas foram reduzidas a cascalho.

A degradação, humilhação e tortura vinham junto com a destruição material. Monges e freiras eram forçados a pisotear e destruir imagens Budistas sagradas. Aqueles que se recusavam eram surrados e arrastados pelas ruas, onde espectadores eram incitados a cuspir neles e espancá-los ainda mais. Monges e freiras eram forçados a copular em público e, em seguida, obrigados a participar da destruição de seus mosteiros. Os leigos eram ridicularizados por usarem suas roupas tradicionais e tinham suas longas tranças cortadas, sem motivo algum nas ruas; eles também eram espancados e forçados a fazer parte da destruição completa.

O governo chinês no Tibete, "A Grande Aliança", também foi atacado como "anti-revolucionário", mas isso foi em uma posição de resposta. Depois de algumas semanas de desordem indisciplinada e carnificina, os *Red Guards* (Guardas Vermelhos) tomaram controle do principal jornal do Tibete e também tentaram ganhar o controle do exército, mesmo tendo tido sucesso em precipi-

Prisioneiros tibetanos em um caminhão acompanhados por soldados chineses

tar-se a trazer para o poder o chefe do Partido Comunista no Tibete, Zhang Gouhua. Em seguida, as brigas começaram desordenadamente, com os regimes antigo e novo guerreando pela supremacia por quase três anos.

Embora essa fosse essencialmente uma batalha entre facções chinesas, os tibetanos eram as principais vítimas. O governo chinês existente tinha ao menos sido organizado e consistente, e os tibetanos que se rebelavam sabiam qual punição iam receber. Existia ordem, embora repressiva, mas a Revolução Cultural criava uma violência indisciplinada e imprevisível.

Gangues de Guardas Vermelhos perambulavam pelas ruas, quebrando tudo que fosse tibetano. Aconteciam estupros grupais, assim como surras a esmo e tortura; até mesmo crucificações eram praticadas durante as sessões espontâneas de "resistência" (lutas públicas), nas quais os participantes tinham de confessar "crimes" e então suas famílias eram forçadas a espancá-los. As ruas não eram lugares seguros e as casas eram atacadas — geralmente à noite — e seus ocupantes eram arrastados para a prisão, quase sempre sem julgamento, por "atividades anti-revolucionárias". Isso incluía rezar (visto que a religião era agora contra a lei), ou por simplesmente ser um membro das classes alfabetizadas ou religiosas, incluindo médicos.

Estupros e espancamentos acabavam em execuções nas quais as vítimas eram forçadas a cavar suas próprias covas antes de serem assassinadas.

JOHN AVEDON

Quando as pessoas eram levadas para a prisão, eram torturadas até fazerem confissões. Se elas sobrevivessem a este estágio, eram submetidas a uma espécie de reeducação e forçadas ao trabalho, com condições desumanas causando muitas mortes. Tantos tibetanos estavam presos, que alguns eram enviados de navio para outro lugar. Eles eram mandados para o Deserto Tengger, uma área distante, próxima à fronteira com a Mongólia, onde existia um enorme complexo de campos de prisão. Capaz de abrigar quase dez milhões de pessoas, eles tinham sido construídos pelos chineses nos anos de 1940. Dos milhares de tibetanos enviados para lá, apenas algumas poucas centenas retornavam; as taxas de mortalidade nas prisões eram exacerbadas por um período de fome que chegava a durar até dois anos.

Por volta de 1970 a estabilidade tinha sido reconquistada, e os revolucionários e a Grande Aliança tinham formado o novo Comitê Revolucionário. As prisões e as torturas continuaram, entretanto, e aqueles que não estavam presos eram forçados a presenciar a destruição minuciosa de sua própria cultura, particularmente os mosteiros e os artefatos religiosos. Qualquer coisa de valor que tivesse sobrevivido à destruição era enviado para a China. Além disso, os textos religiosos eram usados como papel de embrulho ou papel higiênico, os blocos de madeira que os guardavam eram reciclados como materiais de construção, imagens de metal douradas eram derretidas, figuras de argila eram jogadas nas ruas. A tragédia pessoal e a aniquilação cultural estavam lado a lado.

Algumas comunas eram formadas para maximizar a produção de comida e para controlar grupos de pessoas. Tudo agora pertencia ao Estado. Não havia liberdade de movimento; a população era designada para fazer parte de uma das comunas e tinha de ficar ali. Trabalhar nos campos era o que enchia o dia; as noites eram usadas para sessões de avisos, nas quais os tibetanos tinham de cantar músicas em louvor de seus "libertadores" e renunciar ao Dalai Lama, sua religião e seu antigo modo de vida. Se fracassassem nessa missão recebiam seu castigo que era o da "resistência". Como os chineses preferiam comer farinha de trigo, eles tentaram substituir a cevada fazendo dela sua plantação básica, um programa que não teve sucesso, e, por isso, teve como resultado ainda mais fome. Consignações de fertilizantes impróprios eram trazidos da China, o que causava ainda mais prejuízo ecológico. Enquanto isso, os fracassos em produzir grãos para suas necessidades básicas eram punidos.

No ano de 1975, o desastre das comunas em suas atividades de produção estava acabado e muita cevada estava sendo cultivada. Imigrantes chineses da terra principal superpopulada começaram a chegar aos milhares no Tibete. Grandes novas cidades, construídas no estilo chinês de concreto, surgiam, e as antigas cidades parcialmente destruídas eram reformadas e expandidas neste estilo moderno. Junto com sua vida selvagem, muitas de suas florestas, e seu modo de vida tradicional e religioso, a arquitetura do Tibete também desapareceu. Em 1976 antigos boatos foram confirmados por satélites americanos de que as dependências nucleares dos chineses em Lop Nor tinham sido transferidas para

Homens, mulheres e crianças tibetanas reconstruindo o Mosteiro Samye, 1986.

Nagchuka, localizadas a 165 milhas (265 quilômetros) ao norte de Lhasa; assim o Tibete também entrou na era nuclear.

O TIBETE MODERNO

Eu não posso esquecer da atual situação no Tibete, onde nem o descontentamento nem a repressão estão confinados à Lhasa.

14º DALAI LAMA

Hoje o Tibete permanece um país ocupado; o seu povo uma minoria; sua cultura tradicional e sua religião amplamente destruídas. No entanto, as coisas melhoraram, principalmente depois da morte de Mao. Houve uma trégua da lei marcial, e a religião tibetana pode atualmente ser praticada, embora não seja incentivada. Alguns dos excessos da Revolução Cultural estão sendo reparados, e quase um terço dos mosteiros foram parcialmente ou completamente reconstruídos. Para o turista casual, a vida no Tibete parece boa.

A opressão hoje existe por meio da burocracia e é muito mais sutil. O patriotismo é um pré-requisito para a prática religiosa: monges hoje são necessários para assinar documentos atestando que eles apóiam o regime atual, para se submeterem a três meses de "reeducação", e para fazer um exame para provar que aprenderam o conteúdo do material. Parece que os mosteiros não têm interferências, mas a lei é vaga sobre o quanto a prática religiosa é permitida. Somente a prática religiosa "normal" é tolerada, e isso não é definido, deixando sua interpretação convenientemente aberta. Para controlar um mosteiro você deve ser um patriota conhecido, e algumas pessoas que são líderes religiosos são na verdade espiões do governo. Oficiais leigos atualmente controlam dois dos maiores mosteiros: Drepung e Sera. Os números de monges por mosteiro são restritos e controlados.

Existem estradas, eletricidade, um aeroporto, hotéis para turistas, aparelhos de fax, bares de karaokê e discotecas. Há escolas e hospitais, mendigos e prostitutas. Entretanto, os visitantes que tentam mergulhar-se abaixo dessa normalidade superficial podem causar problemas, e não é uma boa idéia fazer perguntas aos tibetanos sobre política porque eles estão proibidos de criticar a linha do partido. O policiamento é mais discreto atualmente: não existem mais postos de homens armados nas esquinas das ruas desde 1991, ou tanques desfilando pelas estradas desde 1990, mas algumas câmeras de vigilância, ficam em evidência, assim como um grande número de policiais com seus uniformes básicos. Barracas cheias de policiais espalhafatosos ainda existem, mas elas ficam montadas em locais fora da visão, e nesses lugares ainda existe uma forte presença militar nas áreas rurais.

Um homem de Khampa usando um chapéu tradicional com óculos de sol moderno, Tibete oriental, 1991.

Existem campanhas com cartazes contra os "separatistas" — defensores de um Tibete livre — mas por eles estarem escritos em chinês, a maioria dos visitantes não entende o significado. Isso tudo ataca o Dalai Lama de forma pessoal, dizendo que ele não é mais um líder religioso e além, de tudo um traidor político. Os tibetanos comuns, porém, que aceitam essa linha podem viajar para fora do Tibete hoje em dia, embora isso leve tempo e exija conexões, considerando-se que as viagens dentro do país são muito mais fáceis. O Tibete aliou-se ao mundo moderno, embora isso não tenha acontecido de uma forma considerada como sendo sua própria escolha.

O mundo, enquanto isso, permanecendo dominado pelas oportunidades do comércio chinês, recusa-se politicamente a aceitar a independência tibetana e não reconhece o governo tibetano exilado. Têm existido algumas atividades internacionais com relação ao abuso chinês dos direitos humanos, e grupos de apoio ao Tibete hoje existem em muitos países. O recorde chinês de abuso dos direitos humanos está bem documentado, embora infelizmente isso ainda não tenha sido traduzido em ação política, o que permanece improvável a menos que seja feito um esforço internacional coerente.

Crianças tibetanas brincando em Lhasa

A Invasão Chinesa e o Depois

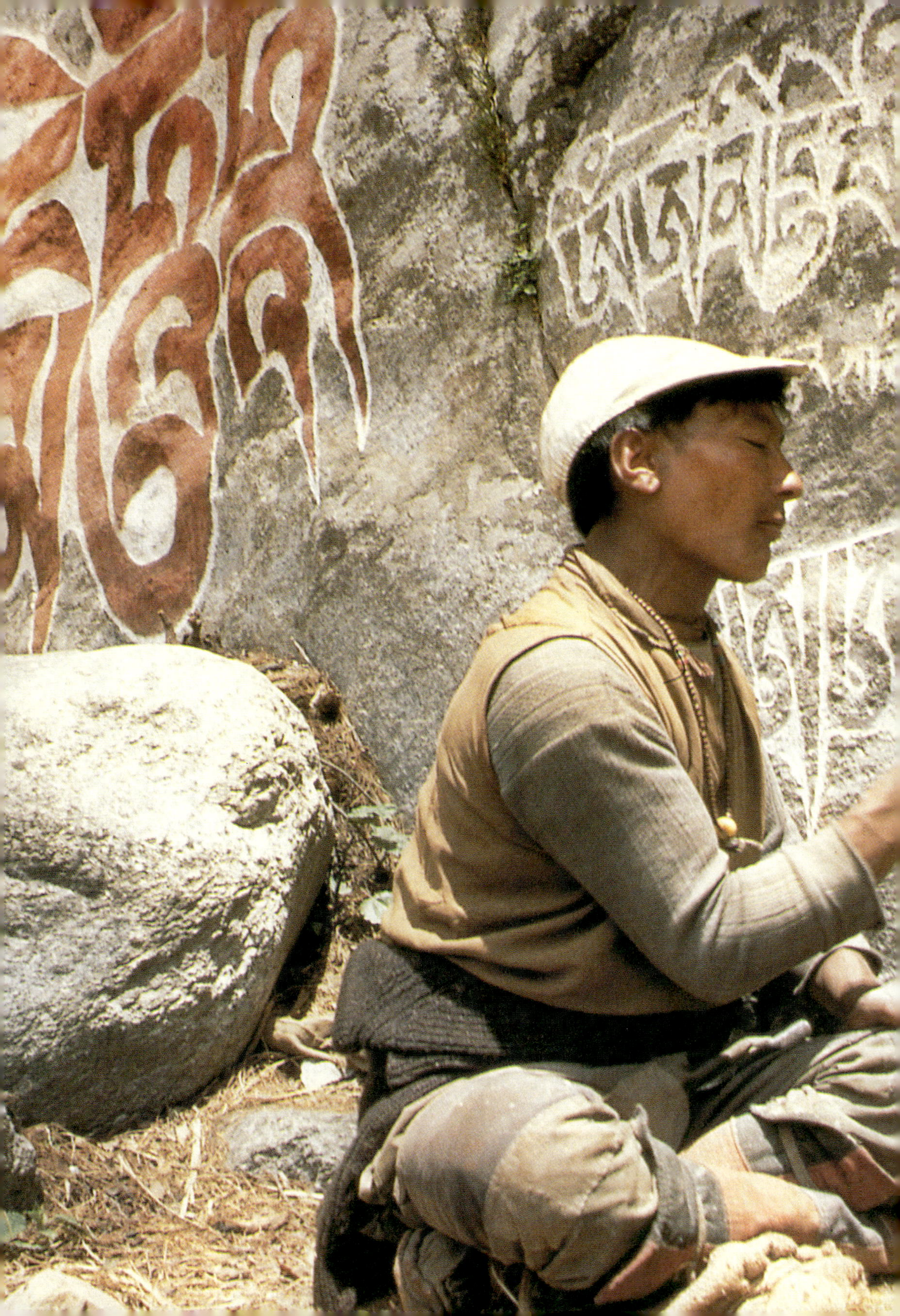

3

Uma Comunidade Exilada

Quando o cavalo correr em charretes e o pássaro de ferro voar, o povo tibetano será espalhado como formigas por todos os cantos da terra.

PADMASAMBHAVA

Depois de o Dalai Lama fugir para a Índia, houve surtos de confusões por toda parte em Lhasa, os quais eram brutalmente abafados pelos chineses. Como a força dominante, eles acabaram subjugando os tibetanos mas não antes de milhares serem mortos. Esse foi o incidente mais drástico de violência de grande escala até o momento durante a ocupação, e uma indicação da opressão que viria a seguir. Isso foi a causa da primeira leva de pessoas a deixar suas casas, famílias, amigos e a maioria de suas propriedades e seguir seu líder para um futuro desconhecido no exílio.

Figura principal: Um refugiado tibetano gravando símbolos sagrados em uma pedra em Manali, ao norte da Índia.

Alguns dos primeiros refugiados tibetanos recém-chegados à Índia, 1959.

Um oficial indiano cumprimenta o Dalai Lama em um posto do exército em Assan, 1959.

O Dalai Lama, enquanto isso, tinha chegado na Índia no dia 31 de março de 1959, e sido escoltado até Mussoorie, onde viveu durante seu primeiro ano no exílio. Ali, notícias de centenas de tibetanos cruzando a Índia, o Nepal e Bhutan começaram a chegar, junto com contos horríveis das batalhas em Lhasa. O governo indiano estava despreparado para um número tão grande de refugiados, mas rapidamente construiu campos de passagem em Missamari e em Buxa Duar para acomodá-los, enquanto decidia o que fazer.

Nehru vinha defendendo, tentando encontrar uma solução com os chineses e se recusando a interferir, apesar das críticas de seus companheiros políticos sobre a forma como ele lidava com a situação, enquanto ficava claro que a invasão chinesa no Tibete estava no pro-

Refugiados tibetanos construindo a estrada Leh no Vale Kulu, ao norte da Índia.

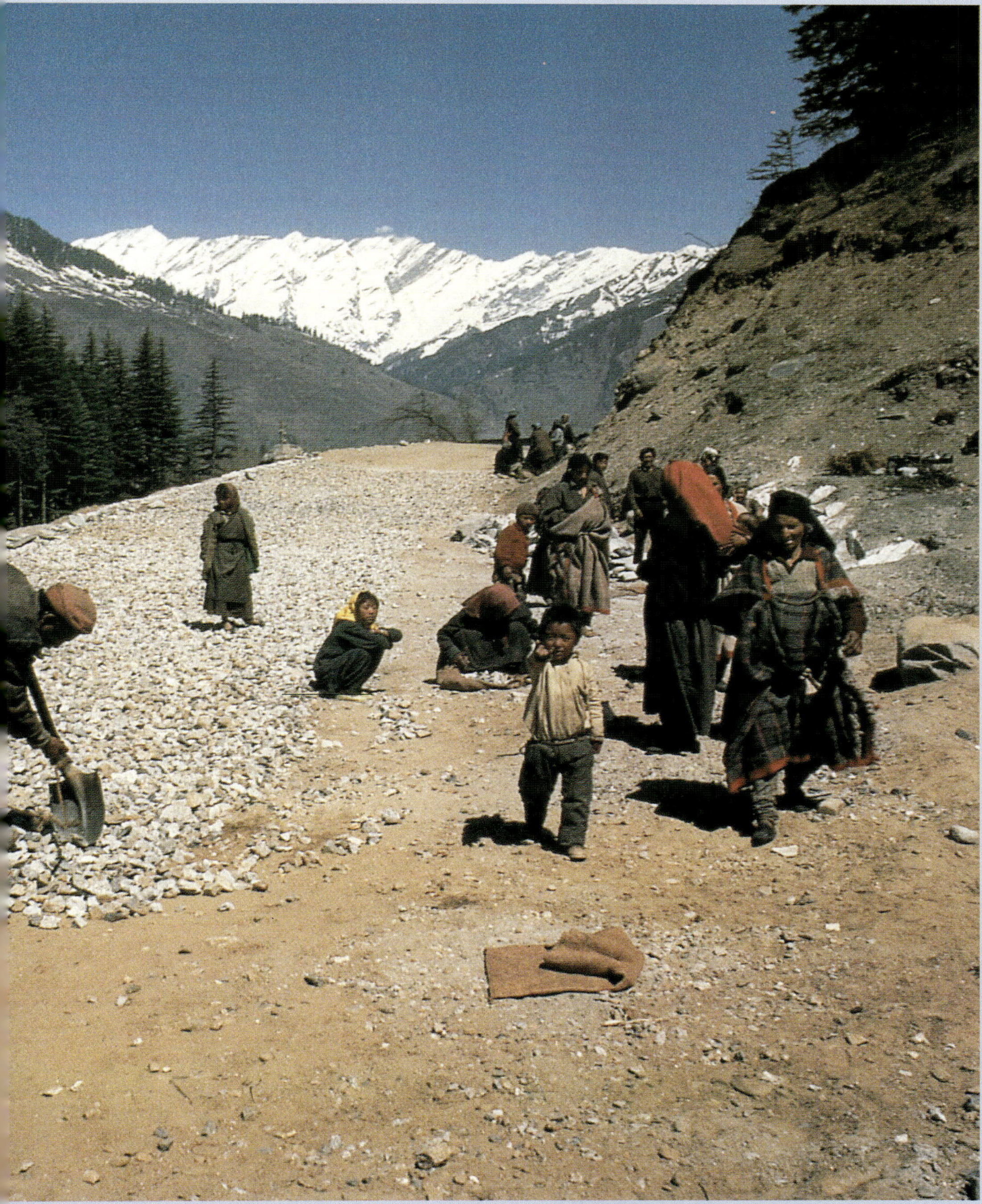

cesso de destruir esta nação antiga. Ele estava em uma situação política complicada e era contra entrar em hostilidade com um vizinho tão poderoso, mas seus princípios humanos prevaleceram e ele deu o melhor de si para ajudar aqueles que chegavam na Índia

Muitos nem puderam sobreviver à caminhada até o exílio. Os soldados chineses freqüentemente atiravam naqueles que eles pegavam tentando fugir. Na perigosa jornada através de passagens em montanhas altas, caminhando por grandes quantidades de neve e nevascas, ainda mais vidas eram levadas, principalmente as de crianças e de pessoas idosas. Muitos chegavam na Índia fracos demais e doentes para sobreviver mais do que alguns dias ou semanas, suas condições físicas agravavam com o desespero e o sofrimento. Os refugiados incluiam órfãos, mães que tinham perdido um ou mais filhos e maridos — figuras chaves no ataque contra os chineses que, temendo repressões, tinham fugido do país, deixando suas famílias para trás.

Os tibetanos são uma raça forte, porém sua existência anterior no "telhado do mundo" tinha deixado-os imunes à maioria das doenças e despreparados para lidar com um clima de altitudes mais baixas. Assim muitos sucumbiam à tuberculose, problemas digestivos causados por uma dieta desconhecida e que se agravava pela má nutrição, e uma doença causada pelo calor úmido do verão indiano que se aproximava rapidamente. As vestimentas constituíam um outro problema básico: as roupas pesadas exigidas no clima tibetano e para as caminhadas nas montanhas em direção à liberdade eram impróprias na Índia.

Em junho de 1959, os refugiados representavam mais de vinte mil pessoas, número este que crescia diariamente com mais pessoas chegando. O Dalai Lama teve uma reunião com Nehru em Delhi com o propósito de decidir a melhor maneira de procederem, visto que os campos de passagem estavam transbordando de refugiados, muitos dos quais estavam morrendo, e todos estavam sofrendo com o calor úmido desconhecido. O recém-formado governo tibetano no exílio (chamado de Kashag), embora oficialmente não reconhecido pelo governo indiano, tinha discutido com oficiais indianos um plano para empregar os refugiados construindo estradas no norte. Esses campos nas estradas ficavam localizados em uma altitude mais elevada, diminuindo o sofrimento dos exilados, e o trabalho da construção de estradas permitia que essas pessoas ganhassem algo para continuarem a subsistir.

ADAPTANDO-SE À VIDA NA ÍNDIA

Crianças, mulheres e homens estavam todos trabalhando lado a lado em grupos; ex-freiras, fazendeiros, monges, oficiais, todos juntos ao léu. Eles tinham de enfrentar um dia inteiro de trabalho físico forçado embaixo de um sol forte, seguido por noites comprimidos em barracas minúsculas.

14º Dalai Lama

Essa nova vida era difícil e cheia de perigos, e o trabalho físico pesado abusava das pessoas que eram física e emocionalmente fracas. O trabalho era perigoso, com a possibilidade de pedras caírem e rolarem de penhascos assustadores, com o uso de dinamites. Ao misturar-se com os indianos que ali viviam eram colocados em contato com doenças desconhecidas e as fatalidades continuavam. Um novo problema surgiu também neste período: as crianças tinham de ser cuidadas e educadas. Como Nehru disse a Dalai Lama "em suas crianças está o seu futuro".

Nehru ficou pessoalmente interessado na formação de escolas separadas para as crianças tibetanas refugiadas e assegurou ao Dalai Lama de que o governo indiano iria patrocinar este programa. Assim como ajudar a preservar a sua cul-

Acima: O Dalai Lama (centro) encontrando Pandit Nehru (esquerda), 1956.

Ao lado: Campo de refugiados em Delhi em 1959

tura, estas escolas também eram importantes para que essas crianças pudessem se tornar uma parte do mundo moderno e internacional; com essa finalidade o inglês era ensinado e também era usado para ensinar as demais disciplinas. Embora isso significasse mais separação para as famílias já deslocadas, a importância de educar seus filhos e com isso preservar sua herança cultural era evidente, e assim cinqüenta crianças foram enviadas para uma nova vida na primeira escola em Mussoorie.

Em Setembro de 1959, os refugiados eram quase trinta mil pessoas, e uma outra preocupação surgia. Muitos deles eram monges e importantes sacerdotes Budistas e a perseguição religiosa no Tibete tinha afetado-os de forma mais direta. Eles chegavam com tantos textos sagrados quanto podiam carregar na tentativa de salvar suas preciosas escritas Budistas da aniquilação. Entretanto, eles também foram indiscriminadamente colocados para trabalhar na construção de estradas e tinham da mesma forma sucumbido às doenças e à morte.

Nós estávamos ansiosos para salvar nossa religião, mas após apenas alguns anos o número de monges morrendo cresceu a ponto de que o restante não podia deixar de imaginar se escaparíamos ou não daquele lugar com vida.

KHENTRUL RINPOCHE

Pendurando novas bandeiras de orações para celebrar o Losar, o Ano-Novo tibetano.

Muito da propagação do Budismo tibetano dependia do relacionamento especial entre um professor espiritual e seus discípulos — conhecido como devoção guru — com o resultado de que a maior parte das aulas era ministrada oralmente, e toda vez que um sacerdote morria, um pouco de sabedoria e conhecimento Budista morriam também. Assim o Dalai Lama sugeriu que os sacerdotes Budistas encontrassem um outro trabalho; uma tarefa difícil, já que eles não possuíam treinamento em atividades seculares.

Um homem tibetano vestindo roupas tradicionais, Tibete Central, 1933.

Refugiados em um campo em Manali, norte da Índia, 1970.

Plantação de milho em Manipat, Índia.

Uma Comunidade Exilada

Uma jovem garota tibetana com seu irmão bebê, Vale Kulu, norte da Índia, 1970.

Acima à esquerda: Uma senhora idosa tibetana em frente à sua casa em um campo de refugiados, sul da Índia, 1995.

Acima à direita: Refugiado tibetano em Manali, norte da Índia, 1970.

Ao lado: Crianças tibetanas no Vale Kulu, 1970.

tibetanos permitindo que estes construíssem suas próprias comunidades. A primeira oferta foi de 3.000 acres perto de Mysore no sul da Índia. Este presente, embora de bom coração, causou diversos problemas. A área era ainda mais quente do que aquela dos campos de passagem, e também muito distante de Dharamsala, onde o Dalai Lama estabeleceu como sua morada. A terra não era também desenvolvida e era completamente coberta por uma floresta, por isso os novos colonizadores teriam de enfrentar condições difíceis para torná-la habitável.

Essa ameaça ao coração da cultura tibetana tinha de ser corrigida o mais breve possível, e Nehru perguntou aos vários Estados da Índia se eles estariam dispostos a doar alguma terra para os

No entanto, o Dalai Lama prontamente aceitou o presente, visto que agora todas as esperanças de um retorno iminente a um Tibete livre já não mais existiam; com cada novo refugiado chegava também uma estória de mais repressão violenta. Os chineses estavam evidentemente ali para ficar.

As tentativas do Dalai Lama de ganhar apoio de outros países, o que era permitido mas desencorajado por Nehru, não tinham encontrado nada além de um pouco de boa vontade; nenhum país importante assumia a questão da ocupação chinesa, embora uma condenação internacional de seu abuso com relação aos direitos humanos tivesse começado. Assim o Dalai Lama percebeu que sua principal tarefa era a de preservar e consolidar a religião e a cultura tibetana no exílio.

UMA HISTÓRIA BEM-SUCEDIDA

Muitos dos primeiros seiscentos e sessenta e seis colonizadores em Bylakuppe, sul da Índia, encheram-se de lágrimas com sua chegada em dezembro de 1960. Ao receberem barracas e algumas poucas ferramentas básicas, eles foram então deixados para abrir caminho pela selva e tentar criar uma terra boa para o plantio e construir vilas. A grandiosidade da tarefa foi finalmente encarada com o indomável espírito tibetano e pelo apoio do Dalai Lama, mas, pelos primeiros dois anos, a vida foi cruel, com o ar pesado devido à fumaça das fogueiras, tornando o calor quase que insuportável. Animais selvagens se mostravam perigosos também, principalmente os elefantes, que causavam rebuliços esporádicos por entre os colonos.

Monges comendo arroz durante um intervalo nas aulas, Dharamsala.

Quinhentos novos colonizadores foram enviados para Bylakuppe em intervalos de seis meses; haviam muitas fatalidades, mas os números de colonos crescia aos poucos. Em 1962, as primeiras residências permanentes foram finalizadas; aproximadamente uma década mais tarde haviam vinte vilarejos e seis mosteiros, abrigando dez mil pessoas. Aconteciam fracassos em suas plantações, causados pela terra muito diferente e pelo clima ao qual os tibetanos tinham de se adaptar. Ao adaptarem-se, porém, e com o auxílio de agências estrangeiras, eles aprenderam a cultivar milho e *ragi* (uma safra de cereais) em vez de sua tradicional cevada. Fazendas leiteiras e árvores frutíferas se davam bem, mas outras tentativas como a administração de animais falharam. As crenças nas santidades de todas as vidas dos Budistas tibetanos permaneceram fortes.

> *Em minha primeira visita a Bylakuppe, lembro-me bem dos colonos estarem muito preocupados de que as queimadas que eram obrigados a fazer para abrir caminho estivessem causando a morte de inúmeras criaturas pequenas e insetos. Para os Budistas, isso era algo horrível de se estar fazendo, pois acreditamos que toda forma de vida, não somente a vida humana, é sagrada.*
>
> 14º Dalai Lama

Outras colonizações em Kalimpong, Orissa e Arunachal Pradesh foram estabelecidas e desenvolvidas com o passar dos anos. Novamente várias cooperativas foram criadas com a ajuda estrangeira, principalmente se concentrando na tecelagem de tapetes, uma habilidade que os refugiados trouxeram do Tibete. Mas eles também se adaptaram à comunidade indiana fazendo cursos com tratores e outros esforços semelhantes. Uma prova de sua determinação de sobreviver pode ser vista no fato de Bylakuppe ter se tornado auto-suficiente num prazo de seis anos e começar a ganhar lucro em dez.

UMA NOVA COMUNIDADE

No dia 30 de abril de 1960, o Dalai Lama e seu séquito chegaram em seu novo lar em Dharamsala, ou mais precisamente o pequeno vilarejo que ficava aproximadamente uma milha acima chamado McLeod Ganj. Esse era um dos lugares onde os ingleses passavam suas férias de verão, bem distante do calor das planícies. Ele fica localizado na lateral de uma das colinas baixas do Himalaia, e em um dia de céu azul lindas paisagens podem ser vistas nos vales abaixo das cadeias de montanhas cobertas de neve.

O Dalai Lama ensinando em seu monastério em Dharamsala

Era tarde demais quando chegamos e por essa razão eu não pude ver muita coisa, mas na manhã do dia seguinte, quando acordei, a primeira coisa que ouvi foi o som inconfundível do chamar de um passarinho que mais tarde vim a saber se tratar de uma espécie peculiar naquele lugar... Eu olhei pela janela para vê-lo melhor, mas não conseguia localizá-lo. Em vez disso meus olhos foram agraciados por uma vista de montanhas magníficas.

14º Dalai Lama

Uma visão tão confortante e familiar foi uma recepção positiva no lugar onde ele mora até hoje.

Com o passar dos anos McLeod Ganj tornou-se um "Pequeno Tibete", com mais de cinco mil refugiados tibetanos vivendo naquela área. O governo tibetano em exílio tem um complexo de edifícios que comporta os escritórios de todos os seus diversos departamentos, que fica na esquina da Biblioteca de Trabalhos e Arquivos Tibetanos. Além de conter centenas de textos sagrados e suas próprias iniciativas de publicações, também guarda alguns tesouros inestimáveis que foram recuperados e escondidos nas montanhas em segurança. Aulas sobre o Budismo tibetano são também ministradas para o número crescente de ocidentais que chegam todo ano.

Também existem vários mosteiros e conventos em Mcleod Ganj, assim como

O Oráculo Nechung no festival Monlam, Mosteiro Drepung.

o Instituto Médico e Astrológico, onde você pode se consultar com um médico tibetano ou comprar remédios tibetanos tradicionais. As duas ruas principais são compostas por pequenas lojas, geralmente com oficinas nos fundos, vendendo tapetes, malas, bijuterias e outras parafernálias tibetanas e Budis-

tas. Existem uma grande variedade de hotéis e restaurantes servindo a todos os tipos de viajantes e turistas. O Instituto Tibetano de Artes Dramáticas (TIPA) produz danças folclóricas, música e canções tradicionais. Há algumas milhas dali na encosta das montanhas fica o Norbulingka, onde jovens tibetanos aprendem essas artes tradicionais como por exemplo a pintura *thangka*, pinturas Budistas tradicionais em tecidos emoldurados em um brocado de seda.

Se você olhar por traz da aparente prosperidade, entretanto, existem outras estórias a serem descobertas. Jovens monges, freiras e crianças freqüentemente se aproximam de turistas pedindo algum tipo de ajuda. Quanto mais longe você caminhar em relação às ruas principais, mais pobres tornam-se as casas, e a Vila das Crianças Tibetanas — uma estória de grande sucesso dos primórdios — ainda não tem lugar suficiente para todas as crianças tibetanas. Alguns dos tibetanos jovens perderam a ilusão de algum dia retornarem à terra que eles jamais chegaram a conhecer. Em toda a parte existem placas pedindo por um Tibete livre, porém muitas pessoas aceitam que estão na Índia para ficar. No total, existem hoje mais de cem mil refugiados tibetanos morando fora do Tibete.

A vida de um refugiado é compreensivelmente difícil para a geração que fugiu de sua terra natal, mas existe hoje uma completa nova geração de jovens tibetanos que nunca conheceu seu país, e que possuem problemas diferentes a serem superados. O desemprego, no caso dos alunos formados em universidades, é dramático; essas pessoas não estão satisfeitas com a vida de vender artefatos tibetanos, e existem somente oportunidades limitadas disponíveis em suas profissões. Alguns tibetanos jovens têm se dado muito bem com o patrocínio de turistas, mas mesmo assim sentem uma mistura de gratidão e rancor.

Homens jovens usando rabos de cavalo e andando de motocicletas com suas namoradas é um fenômeno da cultura jovem com a qual todos nos sentimos familiarizados no Oeste. Mas aqui os rapazes são tibetanos e as garotas geralmente são ocidentais. Hábitos com drogas recreacionais começam a surgir em sua cultura também. Assim como durante os anos de 1960, quando jovens repletos de ódio da Europa e da América estavam se rebelando contra uma cultura cheia de restrições, a juventude tibetana de hoje também sente-se limitada e alienada por ter sido forçada a viver em um país que não é o seu. A percepção ocidental extremamente romântica do povo tibetano é uma projeção que eles não querem manter como padrão.

A CENA ATUAL

Outros países também têm pequenas comunidades tibetanas, notavelmente na Suíça, que proporcionou famílias adotivas para órfãos tibetanos nos anos de 1960 e é o lar para provavelmente as mais prósperas comunidades tibetanas em exílio. Havia um programa de loteria que fornecia milhares de lugares para tibetanos nos Estados Unidos, o que teve muito sucesso, embora tenham ocorrido alguns problemas, e os tibetanos tenham experimentado a alienação ao adaptarem-se a uma sociedade tão diferente. Outros grupos, desde então, têm se juntado aos refugiados originais, e membros próximos das famílias têm hoje a permissão de se unir a este primeiro grupo. A crescente popularidade do Budismo tibetano também criou um número crescente de centros Budistas tibetanos em muitos países ao redor do mundo, com pelo menos um sacerdote residente em cada centro.

Girando rodas de orações em McLeod Ganj

Os primeiros colonos no sul da Índia têm sobrevivido e prosperado, e os três maiores mosteiros do Tibete foram cuidadosamente recriados: Ganden e Drepung em Mundgod, e Sera em Dylakuppe. Milhares de monges jovens estão estudando com alguns poucos grandes professores sobreviventes que viveram no Tibete, e parece não haver falta de monges jovens, apesar dos modos de vida atraentes da Índia e do Ocidente. Os mosteiros estão cercados por vilarejos onde fazendeiros, tecelões de tapetes, comerciantes e estudantes vivem e trabalham.

Monges tibetanos sentados em uma motocicleta, Dharamsala, 1997.

Embora esses colonos estejam situados fora da trilha dos turistas e precisem de permissões especiais para visitá-los, isso é possível ser feito. Participar de uma das muitas cerimônias Budistas de uma hora de duração, que começam antes da madrugada, pode lhe dar uma noção da vida nestes mosteiros. Você senta-se em meio a um mar de monges vestidos de marrom, ouvindo os cânticos sonoros das orações tibetanas antigas cercado por enormes estátuas douradas do Buddha e dos *bodhisattvas* (semelhantes aos santos cristãos). Jovens monges circulam com grandes chaleiras de chá tibetano e

Monges jogando um frisbee *perto de Rumtek, Sikkim.*

cestos de pães tibetanos não-fermentados, que são alegremente consumidos durante a cerimônia. O ritual parece não ter fim, e o espírito do Tibete é dessa forma mantido vivo, apesar de estar sendo realizado em terras estrangeiras.

A HISTÓRIA DE TSERING

Ainda assim também existe um grande otimismo entre os jovens tibetanos. Tsering tem 26 anos, nasceu em Amdo, e fugiu do Tibete em 1992, embora sua primeira tentativa de fugir não tenha sido bem-sucedida. Naquela ocasião ele conseguiu os papéis que lhe davam permissão para viajar à Lhasa e então ele foi para a fronteira, caminhando e pedindo caronas. Foi pego pelos guardas chineses próximo a um famoso relicário (um santuário Budista), e ciente das represálias de ser preso tentando escapar, inventou a seguinte estória:

Eu disse a eles que eu não era uma pessoa instruída, nem um monge, apenas um simples fazendeiro. Este relicário tem uma reputação; se você o vê e anda ao redor dele, isso lhe proporciona um renascimento e você não terá problemas nessa vida. Então eu fingi que era uma pessoa muito simples e tinha somente a intenção de fazer isso. Eu tive sorte: eles acreditaram em mim, pegaram todo o meu dinheiro, me colocaram na prisão por três dias e depois me levaram de volta à Lhasa.

Sem recuar, Tsering tentou mais uma vez; desta vez com um amigo que tinha dinheiro e uma permissão que os levaria até a fronteira. Eles caminharam por sete dias para um lugar isolado por onde poderiam cruzar a fronteira até chegar no Nepal, mas ali encontraram alguns assaltantes:

Eles eram bons assaltantes, eles não queriam nos matar. Meu amigo tinha colocado um pouco de dinheiro em seu sapato — nós sabíamos que poderíamos encontrar assaltantes ali — mas eles levaram todo o resto do dinheiro e as jóias. Eu não tinha dinheiro que eles pudessem roubar, visto que os guardas já tinham levado tudo antes. Nós simplesmente continuamos a andar. Então começamos a ver árvores que nunca tínhamos visto antes, por isso sabíamos que tínhamos chegado no Nepal. Eu me senti muito feliz.

Tsering passou alguns meses no Nepal e depois veio para McLeod Ganj. Quando ele descobriu que a escola para os novos refugiados não tinha salas de aula e que as lições eram ministradas com os alunos sentados

A HISTÓRIA DE TSERING

na grama, ele sentiu que poderia conseguir coisas melhores sozinho e conquistar um bom emprego trabalhando para uma agência de assistência alemã em um escritório local. (Em 1992, era mais fácil para um jovem tibetano instruído conseguir um emprego.)

Hoje eu tenho um quarto e um emprego e estou feliz. Posso fazer e dizer o que quiser. No Tibete um oficial chinês me disse que eu sequer tinha o direito de ouvir o rádio. Foi aí que decidi partir; sinto falta da minha família mas posso escrever para eles e sei que estão felizes que eu tenha vindo para cá e construído uma nova vida. Gostaria de aperfeiçoar o meu inglês e eventualmente trabalhar com pesquisas e traduções. Não quero um patrocinador; percebi que isso torna as pessoas mais gananciosas. Um dia dois patrocinadores (de um amigo meu) que não sabiam um do outro, apareceram na mesma hora. Muito constrangedor! Acredito que pelo fato de a religião ser a alma do povo tibetano, talvez não seja possível separar a religião da política. Acho que num prazo de dez a vinte anos os chineses terão destruído a maior parte da cultura e da religião tibetana no Tibete.

Ainda assim enquanto Tsering me contava sua estória entre uma xícara de chá, ele sorria, sem nenhuma amargura ou rancor. Ele aceita o que aconteceu, que tudo deve ser assim e que está dando continuidade à sua vida. Quando caminhamos pela rua, ele conhecia quase todo mundo — tibetanos e ocidentais — e geralmente parava para conversar. Ele é uma pessoa bastante aberta e encantadora, porém modesta. Quando eu disse a ele que estava escrevendo um livro e perguntei se poderia usar sua estória, ele respondeu que poderia fazê-lo sem problemas, mas ele não tinha certeza se isso seria algo interessante — poderia encontrar muitas outras melhores estórias. Isso pode dar a idéia de que os chineses irão eventualmente destruir o antigo modo de vida no Tibete, mas o espírito dos tibetanos viverá nas pessoas como Tsering.

LIBERTE O TIBETE!

Uma das principais preocupações para o Dalai Lama é a ocupação chinesa no Tibete. Os trechos seguintes são parte dos muitos discursos, entrevistas, coletivas à imprensa e palestras públicas em que ele se refere à situação.

AO POVO TIBETANO

De modo geral, tudo aquilo que vivenciamos durante os tempos difíceis, são as melhores lições. Portanto, temos aprendido muito durante esses anos desde [a] ocupação chinesa. Durante este período os chineses criaram problemas enormes, porém o conselho mais importante no Budismo Mahayana é de que não existe razão de pensarmos em vingança. Os tibetanos que são capazes de compreender esta recomendação não terão sentimentos ruins com relação aos chineses. Eu costumava dizer que a China engoliu o Tibete mas não é capaz de digeri-lo; hoje isso ainda parece ser verdade!

O TIBETE NO PALCO MUNDIAL

Primeiramente precisamos de um senso de responsabilidade global. Os tempos estão sempre mudando, e especialmente no campo da economia muito tem acontecido. A realidade de hoje é altamente interdependente — o que é sua natureza — e existem fortes ligações entre o comportamento humano e a ecologia. Todo país é dependente de seus vizinhos, e o conceito de "nós" e "eles" já é, eu acredito, ultrapassado.

O espírito da não-violência é consideravelmente relevante no mundo atual para resolvermos conflitos, e considero a ação não-violenta como sendo a manifestação e a expressão da compaixão. Nós não devemos considerar isso um sinal de fraqueza, mas sim, de fortalecimento. Enquanto existir a inteligência humana, sempre existirá a contradição, e logicamente a melhor forma de se resolver isso é [por meio da] ação não-violenta, e o diálogo.

O Tibete precisa de mais desenvolvimento, e ele não pode fazer isso de forma eficaz sozinho. Assim,

LIBERTE O TIBETE!

1. Protestos em frente à embaixada Chinesa, Londres.

2. Uma mulher tibetana segurando um cartaz pedindo "Liberte o Tibete".

3. Manifestação em frente à embaixada chinesa, Londres; o cartaz mostra Yulu Dawa Tsering, um monge preso.

4. Protestos em frente à embaixada chinesa, Londres.

5. Uma pedra pintada com uma mensagem gráfica.

LIBERTE O TIBETE!

se nos unirmos parcialmente com uma grande nação, nós poderemos ganhar com isso. Portanto, tão logo alguma indicação positiva apareça do governo chinês, eu estou preparado para conversar e negociar sem pré-condições. Por isso apelo a vocês, por favor, nos ajudem.

Agradeço imensamente à mídia [eles são] muito apoiadores ... você analisa os fatos de várias fontes, e então chega à conclusão de que as coisas não estão bem como o governo chinês anuncia. Você investiga a realidade, e considero que devemos lutar em favor da justiça e não em favor do Tibete.

Acredito que tudo seja apenas uma questão de tempo até que a situação tibetana seja resolvida; as coisas irão mudar. Enquanto isso, eu irei permanecer um tanto teimoso! Também nesses tempos atuais alguns artistas chineses, escritores, intelectuais e estudantes estão vendo a realidade e são críticos quanto à política do governo chinês. Existe hoje uma melhor conscientização dos fracassos das políticas do governo chinês. Algumas pessoas têm uma grande preocupação, pelo fato de os chineses estarem envolvidos no movimento democrático, e porque estão nos mostrando sua solidariedade; isso sim eu considero muito encorajador.

COLETIVA À IMPRENSA, LONDRES, JULHO DE 1996

PROTEGENDO A CULTURA, A ECONOMIA E O MEIO AMBIENTE TIBETANO

Meu objetivo principal é a preservação da cultura tibetana. Se o Tibete permanece dividido em regiões e sua herança cultural é assimilada dentro da cultura chinesa, então não há esperança. A cultura Budista tibetana possui um grande potencial de criar uma comunidade humana pacífica, não apenas no Tibete. A cultura Budista já vem ajudando a reviver as antigas repúblicas russas de Buryat, Kalmyck e Tuva. O povo lo-

LIBERTE O TIBETE!

cal era historicamente Budista, com a mesma tradição Budista tibetana, mas a sua cultura estava praticamente perdida.

As pessoas mais importantes que o Budismo tibetano pode beneficiar são os chineses. Amdo Lama, que mora em Beijing, tem ministrado cursos Budistas para pequenas platéias chinesas por aproximadamente dez a quinze anos. Recentemente, um jornalista chinês trouxe até mim uma figura de um comandante de alto escalão militar chinês vestido com o seu uniforme completo, sentado muito seriamente em meditação. Portanto podemos ver que, quando a China se tornar mais aberta, com mais liberdade, definitivamente muitos chineses encontrarão uma inspiração útil na tradição Budista tibetana.

Monges rezam durante um protesto celebrando a rebelião tibetana

LIBERTE O TIBETE!

Alguns ambientalistas acreditam que o equilíbrio e o clima natural no platô tibetano são muito importantes para a navegação normal nas terras que cercam o Himalaia. A mineração indiscriminada sem precauções e com o desflorestamento em massa causa muita erosão. Também existe o problema dos depósitos de lixo nuclear. Há um perigo de contaminação em todos os rios importantes nesta parte do mundo; os rios Ganges, Brahmaputra, Yellow, Yangtze e Mekong, todos esses têm sua fonte final no Tibete.

Portanto, se algo acontece no telhado do mundo, uma área vasta no leste, sudeste e sul da Ásia é afetada. De acordo com ecologistas, a altitude elevada e o clima seco são mais delicados, e uma vez que o dano acontece, é necessário um período de tempo mais longo para a recuperação. O meio ambiente tibetano é um problema extremamente sério. Por isso ele também é, para algumas pessoas, uma questão de preocupação real.

Nós precisamos de uma autonomia genuína. É essencial para os tibetanos ter a responsabilidade total, tomar conta do ambiente, conservar os recursos e preservar os interesses dos trabalhadores tibetanos, nômades e fazendeiros. Os chineses têm demonstrado uma preocupação consistente em ganhar lucros da forma mais rápida possível, independente do efeito no meio ambiente. Infelizmente, eles simplesmente têm a intenção de ganhar dinheiro rápido, sem consideração alguma quanto aos benefícios industriais do povo tibetano.

Portanto, é importante que a responsabilidade para o desenvolvimento do Tibete deva ser conduzida pelos próprios tibetanos. Deve existir uma autonomia genuína para a proteção da cultura, economia e do meio ambiente tibetano. Em outros campos, tais como assuntos internacionais e defesa, talvez não possamos ter toda a responsabilidade. O Budismo tornou-se tão central para os tibetanos que, nos dois últimos séculos, temos tido uma espécie de evacuação de armas em geral. Portanto, de forma prática, é mais fácil para nós deixar o governo chinês assumir estas responsabilidades.

Entrevista com Robert Thurman

LIBERTE O TIBETE!

Um soldado chinês instalando a bandeira chinesa, Tibete, 1986.

"Visualize a paz no Tibete", Dharamsala, 1997.

Protesto em frente à embaixada chinesa, Londres.

4

O Dalai Lama, Líder dos Tibetanos

Desde o início eu estava preparado para o dia em que, além de minha posição como líder espiritual do Tibete, também iria assumir a liderança temporária.

14º DALAI LAMA

A idéia de um rei ou rainha governando um país parece de alguma forma vinda dos europeus, e que não foi experimentada pelos americanos. Ainda assim este é o papel do Dalai Lama, um rei-padre que é ao mesmo tempo um líder espiritual e temporário de seu país. O atual 14º Dalai Lama, que está ciente dos perigos potenciais e da falta de democracia que esta posição pode impor, tem tentado reduzir sua influência política, mas é extremamente interessante que esta política tenha encontrado muita resistência de inúmeras pessoas do povo tibetano. As razões para a reação desses povos têm mais relação com a história e a tradição do Tibete, do que sendo provenientes de qualquer desrespeito à democracia.

Antes da instituição dos Dalai Lamas, o Tibete oscilava entre períodos de estabilidade, sob o controle às vezes benigno, às vezes explorador, e tempos de turbulências e guerras quando uma facção rival buscava poder, ou quando os vizinhos mongóis ou chineses

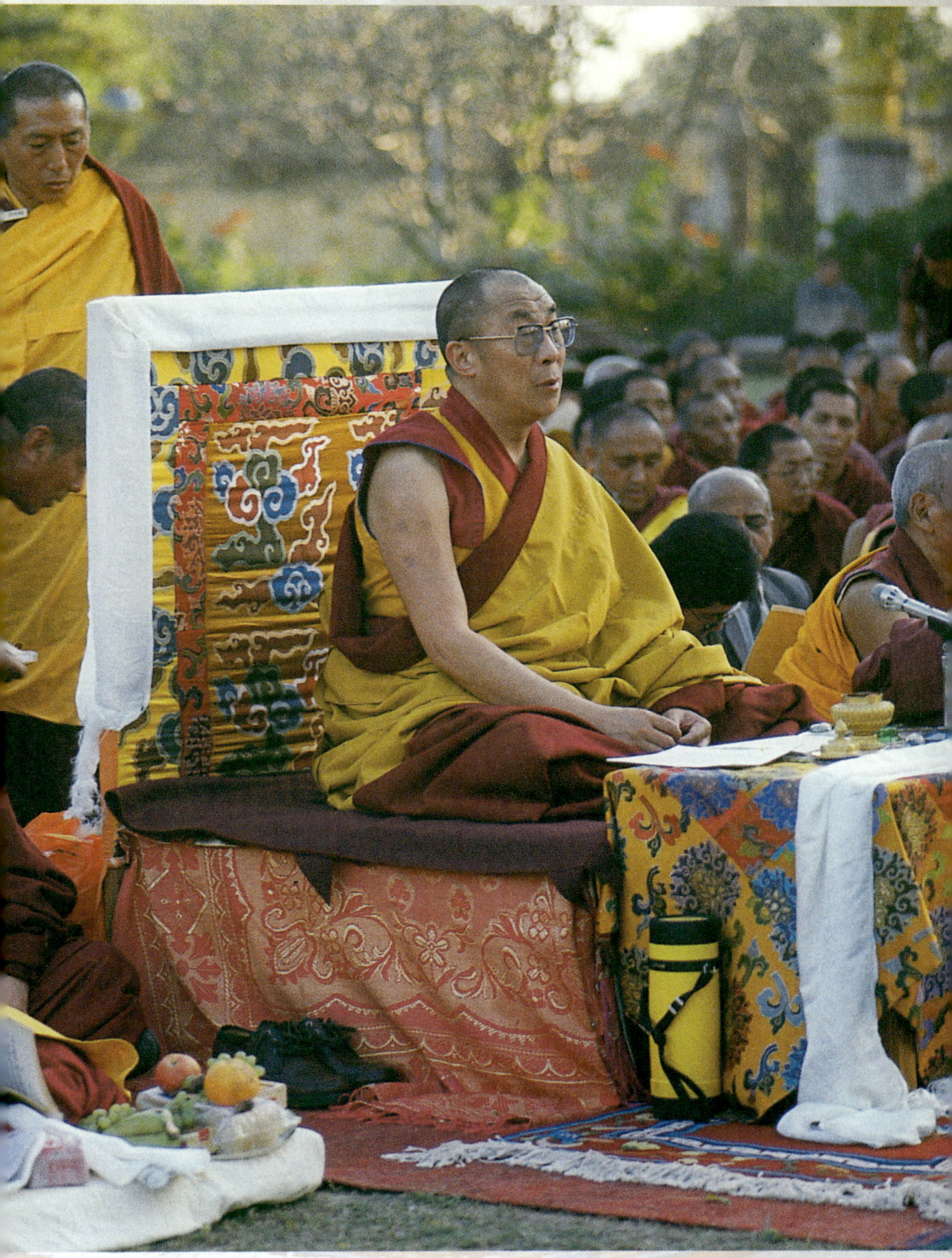

Página anterior: O Dalai Lama em uma conferência de sacerdotes em Varanasi, norte da Índia.
Ao lado: O Dalai Lama construindo uma mandala de areia Kalachakra, Bodhgaya, norte da Índia.

do Tibete invadiam o país e tomavam o poder. O Tibete engloba três regiões principais e possui quatro grupos fundamentais do Budismo, portanto, várias alianças entre os sacerdotes e leigos poderosos surgiram por conseqüência. Estas facções tinham sucesso em tomar o poder sozinhas, ou com o auxílio de um governante vizinho.

No final do século XIV, um monge brilhante chamado Tsongkhapa atraiu muitos discípulos, e assim uma nova ordem Budista nasceu. Enfatizando os valores éticos do Budismo e a pureza doutrinal do professor indiano do século XI Atisha, um novo grupo tornou-se conhecido como o Geluk ("Ordem Virtuosa") e agiu como um contraponto às outras tradições Budistas, muitas das quais tinham se perdido por entre a arena corrupta e mundana da política. Esta renascença da ideologia Budista provou ser duradoura,

e a liderança dos Gelukpas foi então transferida para o sobrinho de Tsongkhapa, Gendun Drup. Ele declarou que após sua morte renasceria como um tibetano e deixou pistas de como seus seguidores poderiam encontrar seu sucessor.

O próximo na fila era Gendun Gyatso, seguido por Sonam Gyatso, ambos servidores da tradição, e ela continuou a expandir-se. Os mongóis — que estavam sempre interessados nos jogos de poder de seus vizinhos — notaram a ascendência dos Gelukpas, e seu líder, Altan Khan, convidou Sonam Gyatso para encontrá-lo. O líder mongol ficou impressionado com a pureza do professor Budista, dando a ele o título de Dalai Lama, e encorajou seu próprio povo a converter-se ao Budismo.

Dalai em mongol significa "oceano", *Lama* em tibetano significa "professor espiritual", portanto, na tradução comum, se a considerarmos um tanto decorativa, podemos dizer "Oceano de Sabedoria". Os Dalai Lamas também são considerados manifestações do Chenrezig, o Buddha da compaixão, e assim incorporando na forma humana o ideal espiritual da compaixão. O título de Dalai Lama foi retrospectivamente conferido aos dois predecessores de Sonam Gyatso, e foi assim que a tradição que dura até o dia de hoje foi estabelecida.

A sucessão dos Dalai Lamas é continuada por meio da reencarnação, assim como a sucessão de outros professores altamente realizados, chamados de *Tulkus*. Quando o Dalai Lama morre, seus seguidores procuram por presságios e consultam oráculos em busca de pistas para saber onde encontrar a criança que irá se tornar o próximo Dalai Lama. Esse sistema tem a desvantagem de precisar de um regente para preencher seu lugar enquanto a criança cresce. A regra dos regentes tem provado ser desastrosa para a maioria dos Dalai Lamas — muitos dos quais nunca sobreviveram para assumir seu poder — com exceção do 5º, 13º e do atual 14º Dalai Lama.

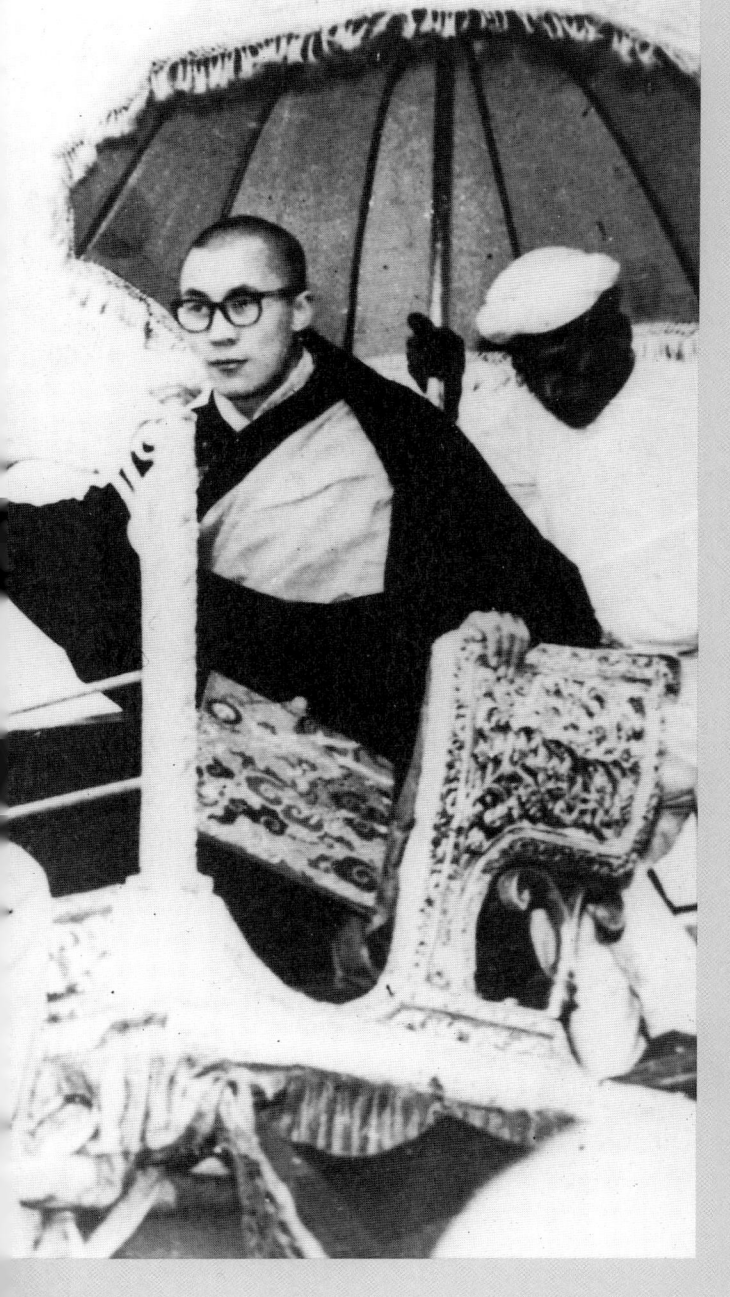

O Dalai Lama cavalgando em um elefante em Bodhgaya.

UMA NOVA FORMA DE GOVERNO

O Dalai Lama e o *Kashag*, ou gabinete, formavam o coração do governo tibetano no exílio, e eles eram suplementados por vários departamentos, escritórios e uma comissão eleita, um sistema que continua hoje com poucas modificações. O Congresso da Juventude Tibetana foi formado e passou a funcionar como uma espécie de partido de "oposição leal". Muitos dos jovens tibetanos, nascidos no exílio, possuem visões modernas e radicais que funcionam como contrapontos úteis para aqueles do Gabinete Oficial. A comunicação formal entre eles tem sido fortemente encorajada pelo Dalai Lama. Entre eles, são conduzidos todos os negócios do estado habituais e funcionam da mesma forma que qualquer outro corpo legislativo, embora permaneçam oficialmente não-reconhecidos — assim como eram no início — por todos, com exceção de um ou dois países pequenos.

O entusiasmo do Dalai Lama pela democracia levou-os até a primeira eleição em 1960, pouco depois da chegada dos tibetanos em Dharamsala e antes de sua constituição ser finalizada. As cédulas de votos pareciam estranhas aos tibetanos, que não tinham experiência em votar.

TABELA DOS 14 DALAI LAMAS

1 Gendun Drup 1391 — 1474
2 Gendun Gyatso 1476 — 1542
3 Sonam Gyatso 1543 — 1588
4 Yonten Gyatso 1589 — 1616
5 Ngawang Losang Gyatso 1617 — 1682
6 Tsangyang Gyatso 1683 — 1706
7 Kelsang Gyatso 1708 — 1757
8 Jampel Gyatso 1758 — 1804
9 Lungtog Gyatso 1805 — 1815
10 Tsultrim Gyatso 1816 — 1837
11 Khedrup Gyatso 1838 — 1855
12 Trinle Gyatso 1856 — 1875
13 Tubten Gyatso 1876 — 1933
14 Tenzin Gyatso 1935 —

Muitas pessoas entram na barraca de eleições e apenas rezam para a Sua Santidade. "Eu não conheço nenhum destes candidatos, mas por favor, faça com que eu escolha a pessoa certa para ajudar o Dalai Lama e o povo." Em seguida, eles abaixam seus dedos e pedem ao oficial das eleições "O senhor poderia ver o nome de quem está aqui?"

LODI GYARI, 1975

Quando a constituição foi anunciada um ano mais tarde, houve confusão sobre o parágrafo que permitia que o Dalai Lama fosse destituído por dois terços da maioria, caso isso fosse necessário. A provisão do Dalai Lama para uma redução de seus próprios poderes, ou a de seus sucessores, era um aspecto da democracia que a maioria do povo tibetano achava difícil de aceitar. Finalmente, a constituição foi aprovada incluindo a cláusula contenciosa, mas somente depois de muita persuasão pelo Dalai Lama. Sua fé e crença em seu líder torna isso improvável, pois os tibetanos jamais sonhariam em usar este poder, mas a sua existência é importante para uma democracia autêntica.

UM PAPEL CONTEMPORÁRIO

O Dalai Lama é procurado internacionalmente por causa do interesse no Budismo tibetano ao redor do mundo. Suas contribuições em conferências de ciências, ecologia e questões entre fés são recebidas com carinho.

O Dalai Lama continua a pregar sobre o dilema do povo tibetano e da ocupação chinesa do Tibete em todas as oportunidades. Este é um papel difícil para ele atualmente. Ele volta para países onde discursou há alguns anos sobre a urgên-

Conversando com o ex-arcebispo de Canterbury, Robert Runcie, em Londres, 1989.

cia na ajuda da situação no Tibete, e ainda assim pouca mudança ocorreu. Os mesmos rostos dedicados o recebem e renovam suas promessas de apoio, mas são incapazes de coagir seus governos a tomarem uma ação construtiva. Grupos de apoio ao Tibete realizam passeatas, promovem concertos beneficentes e enviam circulares, mas com pouco efeito prático. Ocasionalmente uma campanha para libertar um prisioneiro político tibetano é bem-sucedida, mas isso é apenas uma gota no oceano.

Talvez o novo governo Trabalhista Inglês tome a ofensiva contra os chineses, já que ele prometeu se preocupar com os direitos humanos quando trabalhando com governos estrangeiros. A recente reversão de Hong Kong de ser um território inglês para um chinês pode causar um impacto ainda maior, principalmente desde que ele ficou há apenas alguns meses dentro da tão esperada ascensão ao poder do Partido Trabalhista. Entretanto, o Presidente Bill Clinton sugeriu que iria assumir uma postura mais severa com relação ao governo chinês e então renovou a posição de sua "nação mais privilegiada" sem negociar a questão dos direitos humanos. É, portanto, evidente que a ocupação chinesa do Tibete é

O Dalai Lama e o padre Lawrence Freeman em uma conferência Budista/Cristã, Inglaterra, 1995.

um assunto político delicado que não tem soluções simples.

Apesar disso, sempre que o Dalai Lama fala sobre a situação do Tibete, ele demonstra um compromisso total com sua causa. Ele aceita qualquer diálogo com os chineses, embora muito pouco seja possível. Fica obviamente entristecido e cansado com a situação, ainda assim fala com paixão e serenidade — e até bom humor — e inspira pessoas onde quer que ele vá. Durante as sessões de ensinamentos Budistas, palestras públicas e conferências, ele espontaneamente fala sobre a situação: nunca se perde em seus pensamentos. Sua popularidade como uma figura internacional facilita seu papel como líder dos tibetanos.

Eu espero e rezo para que a verdade logo prevaleça e que os direitos históricos de meu povo sejam recuperados, e para isso reafirmo meu compromisso com essa luta.

14º DALAI LAMA

Atualmente, o Dalai Lama é um homem ocupado. Como resultado disso, ele geralmente está longe de Dharamsala em alguma visita a outro país, para o desapontamento dos muitos turistas que chegam sabendo que este lugar é o lar dele. Quando ele está em sua residência, também há muito trabalho para fazer; reuniões com os sacerdotes, monges, entrevistas e ainda acha tempo para sua própria prática espiritual.

Ainda assim, apesar de seu horário corrido, existe uma coisa que ele nunca deixa de fazer, que é tentar pessoalmente receber todos os tibetanos que chegam em Dharamsala. Nem todos são refugiados; alguns vêm visitar seus familiares e retornam ao Tibete por causa de algum compromisso ou porque desejam estar em seu próprio país, apesar de estarem vivendo sob o governo chinês. Muitos ainda vêm para o exílio, entretanto, freqüentemente contando casos de repressão e pobreza.

O Dalai Lama recebendo o Prêmio Nobel da Paz, Stockholm, Dezembro, 1989.

É algo tocante de se ver: longas filas de pessoas esperando pacientemente, geralmente parecendo um tanto desnorteadas neste novo lugar que elas, em pouco tempo, irão chamar de "lar". De repente uma comoção inicia-se: o Dalai Lama sai e começa a cumprimentar os primeiros das filas, apertando suas mãos e abençoando-os. Às vezes, ele conversa com alguém por muito tempo, ouvindo algum caso antes de ir até a próxima pessoa. A atmosfera do lugar é repleta de lágrimas e exclamações de alegria, quando os exilados encontram seu líder genuinamente amado. Isso não se trata de uma simples atração turística ou um exercício de relações públicas, e espectadores não-tibetanos saem dali sentindo-se constrangidos por terem a sensação de que este se trata de um evento particular.

> Eu tento cumprimentar todos esses visitantes e novos grupos do Tibete pessoalmente. Invariavelmente nossos encontros são muito emocionantes; a maioria são pessoas inocentes tristes, maltrapilhos e destruídos. Eu sempre pergunto a eles sobre suas próprias vidas e suas famílias. E sempre existem lágrimas em suas respostas — alguns perdem o controle por completo enquanto relatam suas estórias comoventes.
>
> 14º DALAI LAMA

A esperança de que irão um dia voltar a ter um Tibete livre ainda está viva nos sonhos dos tibetanos exilados, mas não existem mais boatos de vários anos atrás, e também eles não são mais discutidos. Apesar de serem oficialmente refugiados, seu governo não reconhecido, seu país não aceito como independente, os tibetanos de alguma forma conseguiram sobreviver extremamente bem no exílio, algumas pessoas tendo, inclusive, tornado-se prósperas. De fato, os exilados formam a comunidade de exilados mais bem-sucedida, para o dissabor ocasional de seus vizinhos indianos que são por vezes ainda mais pobres. Eles também estão sendo capazes de preservar muito de sua herança cultural e espiritual no exílio.

Essa sobrevivência se dá, em sua maior parte, devido à habilidade do Dalai Lama, seu status internacional e perfil consistente garantindo o apoio internacional e assegurando a condenação dos abusos aos direitos humanos que continuam no Tibete. Apesar da democratização do governo tibetano no exílio, a maioria dos tibetanos ainda o

O Dalai Lama conduzindo un

considera um "deus-rei", sua fé nele permanecendo inabalável e sua devoção tão forte como nunca. Na arena da política mundial, o status do Dalai Lama é um fenômeno quase único, e é um testamento para um líder que combina a espiritualidade com a política de uma forma tão impressionante.

1980.

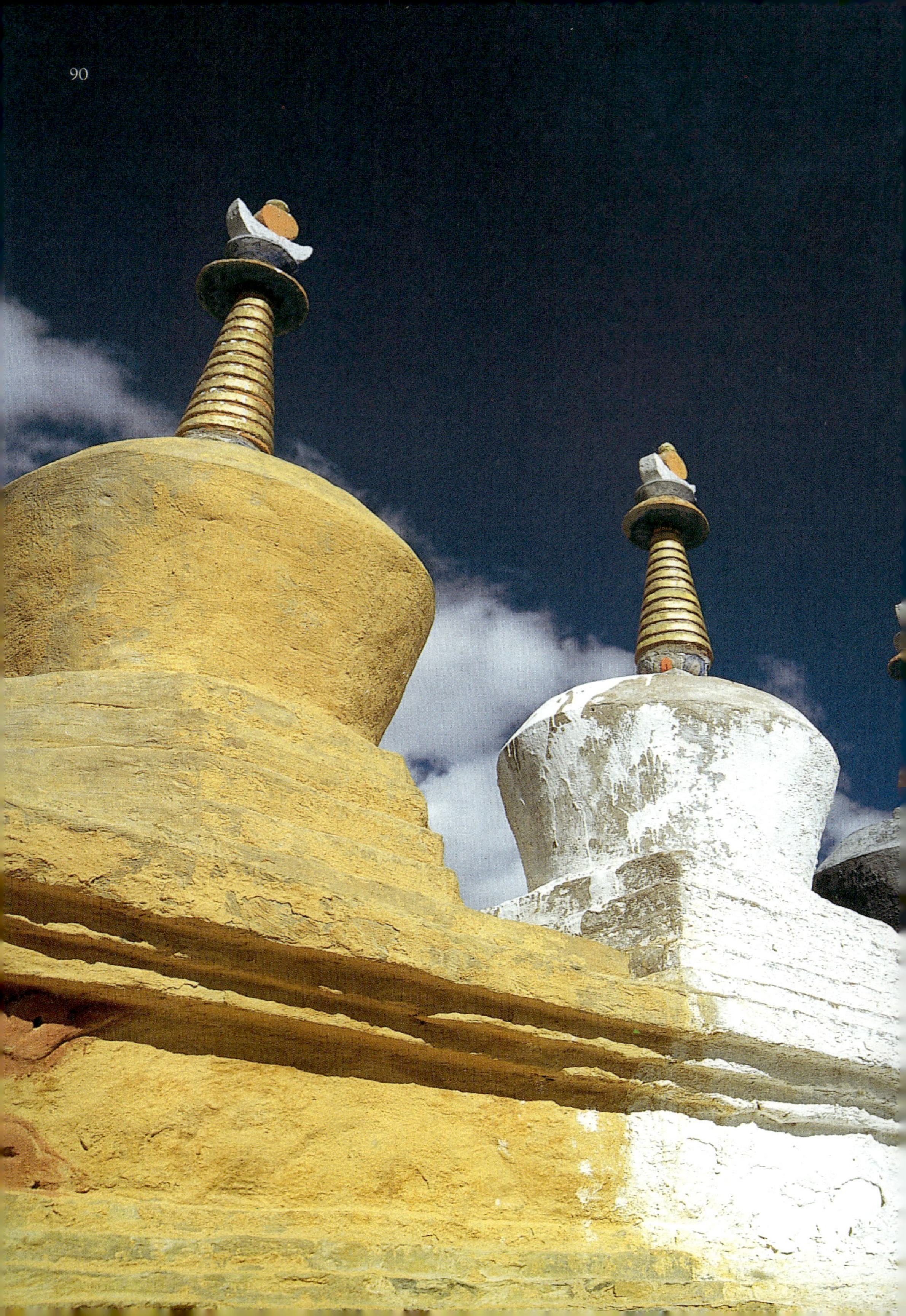

Parte dois

— ❦ —

UM RETRATO
DO
DALAI LAMA

5

A Infância no Tibete

Quando você olha para os tempos em que o Tibete ainda era um país livre, eu entendo que aqueles foram os melhores anos de minha vida.

14º DALAI LAMA

No dia 6 de julho de 1935, um garoto nasceu em uma família que morava na Vila de Taktser, em Amdo, nordeste do Tibete. O quinto filho de seus pais, ele recebeu o nome de Lhamo Thondup e era aparentemente um bebê normal e saudável. Sua família era uma das vinte e tantas naquele remoto povoado, ganhando a vida como fazendeiros. A vida era feliz e comum até Lhamo Thondup ter quase três anos de idade.

Um dia, um grupo de mercadores viajantes chegou em sua casa e pediu para prepararem um chá na cozinha, um costume tibetano muito comum. Na realidade, o grupo era uma equipe de busca disfarçada, procurando pela nova reencarnação do Dalai Lama, e tinha sido levado a essa arena e à casa atual por uma série de sinais e visões que tinham se manifestado desde a morte do 13º Dalai Lama. Kewtsang Rinpoche, um sacerdote importante encarregado da expedição, estava vestido como um servo e por isso foi levado para sentar-se na cozinha. Ali ele foi abordado por um garotinho que subiu nos seus joelhos com uma familiaridade que era incomum para uma criança tão jovem.

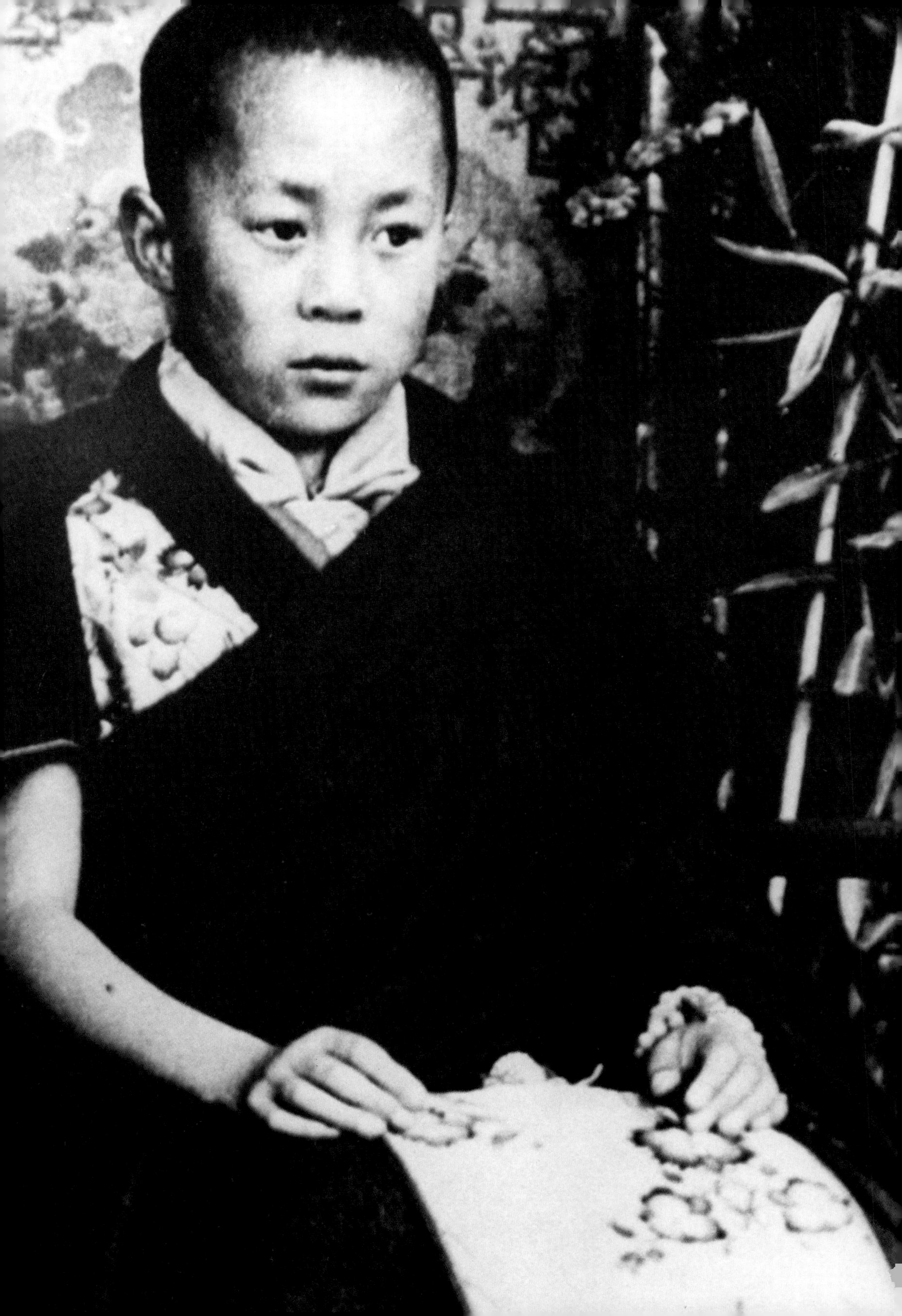

O abade que liderou a equipe de busca do 14º Dalai Lama, 1937.

Páginas anteriores: Uma fileira de Chortens *(Monumentos Sagrados); o Dalai Lama falando para um grupo de tibetanos na Índia; o Dalai Lama com dez anos de idade, já imerso em uma vida de estudo e meditação.*

Quando ele colocou as contas de oração ao redor do pescoço do "servo", que tinha pertencido ao 13º Dalai Lama, o garoto exigiu que ele as desse para ele dizendo que elas o pertenciam. Kewtsang Rinpoche respondeu que ele poderia ficar com as contas de oração se Lhamo Thondup pudesse dizer a ele quem ele era. Para sua surpresa, o garotinho calmamente lhe disse que Kewtsang Rinpoche era um sacerdote do Mosteiro Sera, e disse isso no dialeto do Tibete Central, um idioma que ele não tinha como saber falar. O grupo foi convidado para passar a noite e, notando outras evidências da natureza extraordinária da criança, seus membros decidiram voltar com uma delegação apropriada para conduzir outros testes para ver se Lhamo Thondup era de fato o 14º Dalai Lama.

Alguns dias mais tarde, eles voltaram com outros objetos para que a criança pudesse identificar formalmente, o que fez com segurança. Ele também passou por breve exame físico à procura das oito características físicas tradicionais que distinguem os Dalai Lamas, como orelhas grandes e olhos fundos, com as sobrancelhas curvando-se para cima. Ao encontrarem vários destes atributos na criança, eles perceberam que estavam de fato na presença do 14º Dalai Lama. Eles ficaram cheios de alegria e devoção.

De fato estávamos tão tocados que lágrimas de felicidade enchiam nossos olhos.
Mal conseguíamos respirar, ou nos sentarmos apropriadamente no tapete, nem tampouco dizer uma só palavra.

SONAM WANGDU

Assim que a notícia da descoberta tornou-se pública, o governador local, um muçulmano chamado Ma Bufeng, decidiu lucrar com este evento excepcional e se recusou a liberar o novo Dalai Lama a menos que um resgate fosse pago. A quantia um tanto grande exigida levou algum tempo para ser angariada, e depois de algumas semanas o jovem garoto foi enviado para o Mosteiro Kumbum. Era comum enviarem crianças para serem monges com uma idade jovem, para que eles se ajustassem à forma de vida monástica rapidamente; entretanto, as primeiras semanas eram difíceis, porque os jovens garotos inevitavelmente sentiam perdido seus pais.

O Dalai Lama não foi exceção e se lembra de que aquele foi um tempo triste para ele em sua maior parte. Um irmão mais velho, Lobsang Samten, já estava no mosteiro e cuidava bem dele, apesar de ter apenas seis anos de idade. Esse era um grande consolo. O professor de seu irmão, um monge idoso e gentil, também o abraçava envolto em seu roupão sempre que o jovem garoto se sentia muito sozinho. Entretanto, ele não entendia exatamente o que significava ser o Dalai Lama, e os meses de espera até que o dinheiro do resgate fosse levantado pareciam intermináveis.

O recente entronado Dalai Lama, com cinco anos de idade.

Aproximadamente dezoito meses mais tarde, quando o resgate já tinha sido pago, mas antes do regente dar a confirmação oficial de que este era realmente o Dalai Lama caso Ma Bufeng criasse novos empecilhos, o Dalai Lama de quatro anos de idade finalmente embarcou para sua nova vida com a longa viagem até Lhasa. Sentindo-se feliz ao voltar a ver seus pais e agitado com a idéia da viagem, o Dalai Lama se recorda de que

A família do 14º Dalai Lama em Dekyi Lingka, 1946.

A chegada do novo Dalai Lama em Lhasa, 10 de outubro de 1939.

Ao lado: Monges reunidos em um pátio no Mosteiro Kumbum, Amdo.

os três meses seguintes foram cheios de surpresas enquanto ele via aquele cenário espetacular sendo desvencilhado diante dele a cada dia. Ele se lembra especialmente dos rebanhos de asnos selvagens, cervos e bois tibetanos que surgiam do nada, correndo pelas vastas planícies. Essa lembrança também tem seu lado triste se pensarmos que essas criaturas estão em sua maioria extintas. Ele também se lembra das disputas que travava com seu irmão freqüentemente, como a maioria dos garotos fazem!

Com a chegada do outono, a expedição chegou nos portões da cidade e foi recebida em uma barraca cerimonial cercada por grandes multidões com pessoas se acotovelando para conseguir uma melhor visão do novo Dalai Lama. Ali dentro, o garoto estava sentado em um trono de madeira e em uma cerimônia que durou o dia todo ele oficialmente tornou-se o líder espiritual de seu povo. O seu séquito então foi morar em Norbulingka, onde costumeiramente era apenas sua residência durante o verão, e o regente tendo decidido esperar um ano antes de entronar o jovem menino no Potala. Por isso, quanto menos formal e mais agradável, o palácio de verão tor-

Ao lado: Um peregrino no monumento na Vila Takster onde o atual Dalai Lama nasceu.

nou-se o lar do garoto durante seu último ano de infância livre de responsabilidades.

OS PRIMEIROS ANOS EM LHASA

No inverno seguinte, quando Lhamo Thondup tinha cinco anos, ele foi levado para o Potala e oficialmente entronado como o líder espiritual do Tibete. Dali, ele foi para o templo Jokhang para ser ordenado. Sua cabeça foi raspada depois que o regente realizou a tradicional cerimônia do corte de cabelo, e ele foi vestido com as roupas castanho-avermelhadas de um monge. Ele também ganhou novos nomes, tradicionalmente incluindo alguns dos nomes dos regentes, sendo o nome de Tenzin Gyatso o que ele usa até hoje.

Pouco depois, ele começou sua educação — que no início consistia de apenas aprender a ler — junto com seu irmão, Lobsang Samten. Seu irmão foi mandado para a escola quando Tenzin Gyatso tinha oito anos, e por isso seus companheiros eram em sua maioria homens adultos, varredores, empregados da cozinha, e os grandes sacerdotes que eram seus tutores sênior e júnior. O primeiro tutor sênior, Reting Rinpoche, foi afastado de seu cargo como resultado das acusações de corrupção enquanto o Dalai Lama ainda era bem jovem. Apesar da pouca idade e falta de experiência, Tenzin Gyatso foi questionado sobre quem ele achava que deveria ser o substituto. Ele indicou o nome do tutor júnior, Ling Rinpoche. Esta indicação foi aceita, e Ling Rinpoche tornou-se então o tutor sênior. Assim, o Dalai Lama também aprendia coisas como assumir o poder e ter responsabilidade.

Kyabje Trijang Rinpoche, tutor júnior do Dalai Lama, 1978.

Ao lado: Um professor tibetano com seu discípulo.

Em um dia comum, o jovem Dalai Lama levantava por volta das 6 horas da manhã, rezava e meditava por uma hora. Antes do primeiro turno de estudos, ele tomava seu café da manhã que era servido com chá, *tsampa* e mel. As lições, que variavam entre leituras e escritas, e a memorização de textos religiosos, terminavam por volta das 10 horas, que era quando ele participava das reuniões do governo. Estes eram compromissos formais durante os quais todo o devido respeito era prestado ao Dalai Lama, embora nos primeiros anos ele fosse apenas uma criança. Dessa maneira, ele aprendia tanto sobre os negócios do governo quanto sobre o papel que representaria como líder com o passar dos anos.

Um outro turno de estudos seguia-se, durante o qual ele recitava o

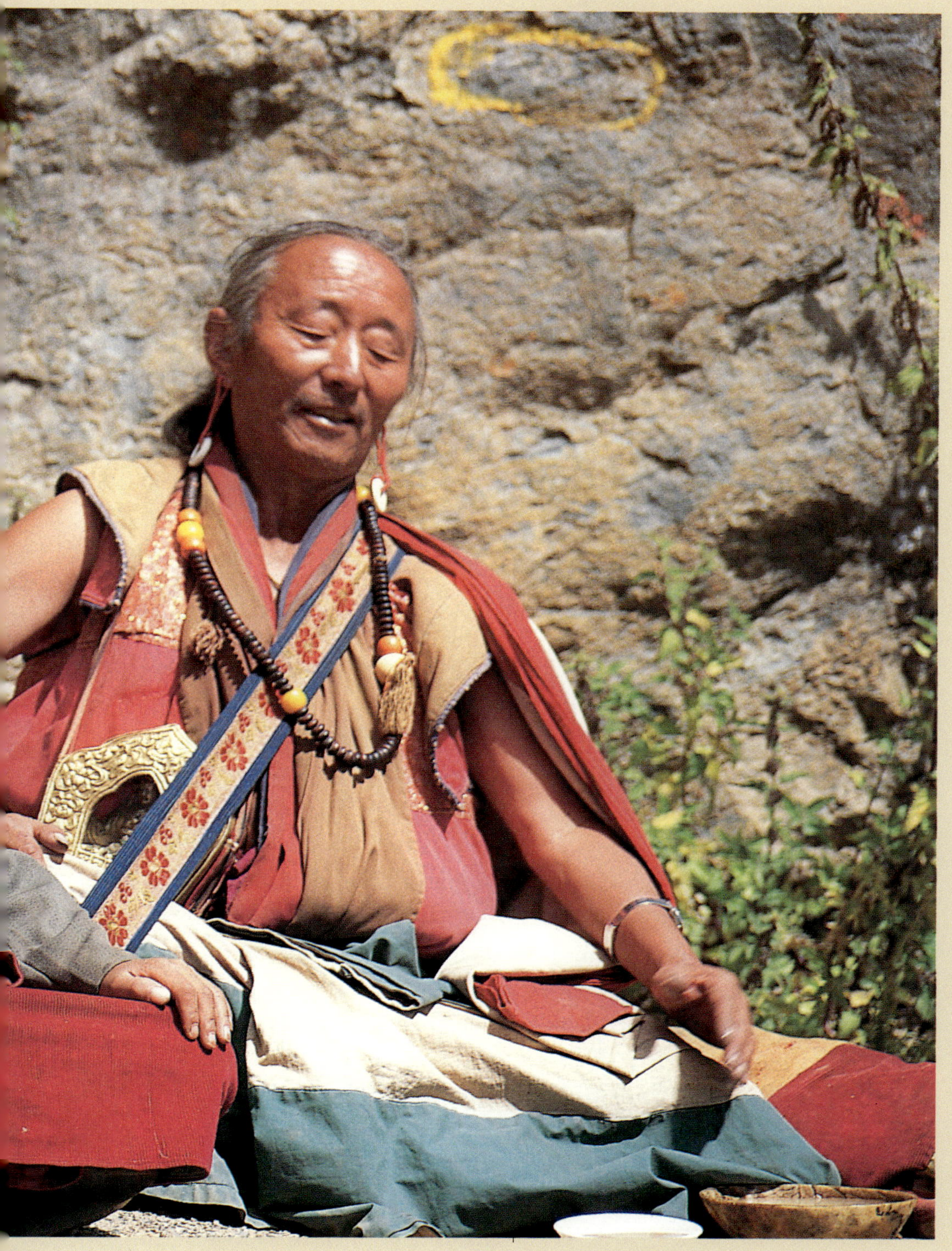

texto que havia aprendido no turno anterior, e o tutor júnior, Trijang Rinpoche, apresentava o texto do dia seguinte. Sua atividade preferida — brincar, como é o costume para uma criança — acontecia antes do almoço. Em suas visitas a oficiais estrangeiros ele ganhava brinquedos como os conjuntos Meccanos (estojos de peças mecânicas, para montar carros, guindastes, etc.), jogos com trens e soldadinhos de chumbo. O jovem Dalai Lama adorava brincar com os jogos de guerra e com os soldadinhos de chumbo, mas quando ele se tornou um adolescente preferiu derretê-los e refundi-los em formato de monges. Ele também se divertia com jogos físicos como deslizar escorregando-se pelos pisos encerados, ou brincadeiras de pular que, embora fossem oficialmente proibidas, lhe causavam grande satisfação.

Depois do almoço, haviam mais lições. O Dalai Lama se lembra como a sala onde ele tinha aulas perdia a luz do sol quase na mesma hora em que as aulas começavam, resultando em uma atmosfera obscura que o induzia a uma certa relutância em estudar. No entanto, ele era um aluno exemplar e aprendia com facilidade. O currículo monástico incluía cinco matérias principais e cinco matérias secundárias, das quais a mais importante era a filosofia Budista, que era dividida em duas outras categorias.

Ling Rinpoche, tutor sênior do 14º Dalai Lama.

A dialética (filosofia, cuja teoria afirma que a realidade se altera o tempo todo e dá superioridade da matéria sobre o espírito), que é realizada em um estilo de debates, é fundamental para o Sistema Tibetano Budista. Ela é algo espetacular de se assistir, ou de se engajar. Dois monges se revezam fazendo perguntas um ao outro sobre o apurado significado filosófico de um texto. Isso é realizado com os gestos rituais de bater da mão direita — com contas de oração enroladas ao redor do pulso — para a mão esquerda e simultaneamente bater o pé esquerdo enquanto ouve a pergunta. O parceiro pronto para responder tenta sentar-se passivamente e permanece concentrado apesar da atividade e, em seguida, explica seu ponto de vista. Quando completou seus doze anos de idade, o Dalai Lama tinha começado a praticar seus debates com determinação, com dois especialistas renomados.

Seus estudos terminavam por volta das 5h30 da tarde e então ele tinha duas horas livres antes do jantar. Ele se recorda de correr para fora e subir no telhado do Potala com seu telescópio e observar os internos da prisão estadual ao longe.

> *Eu os considerava meus amigos e mantinha-os próximos de meus olhos em seus movimentos. Eles sabiam disso e toda vez que percebiam minha presença, se jogavam ao chão prostrando-se em reverência. Eu reconhecia todos eles e sempre sabia quando um deles era solto ou quando alguém novo chegava.*
>
> 14º Dalai Lama

O jantar era servido com chá, sopa, às vezes um pouco de carne, iogurte e pão, e logo depois uma caminhada ao pôr-do-sol enquanto inventava estórias, o que quando mais jovem era o que o Dalai Lama mais gostava de fazer. Então ele se retirava para seus aposentos; este era o mesmo quarto usado pelo 5º Dalai Lama e que mal havia sido tocado desde então. Camundongos se alojavam nas roupas de cama, sendo alimentados pelas ofertas diárias de comida colocadas no altar, e o quarto era velho e mofado, frio e mal iluminado. O Dalai Lama se aconchegava dentro da caixa de madeira revestida de almofadas que era envolta com cortinas vermelhas que servia como sua cama, e adormecia ouvindo o correr dos camundongos, o ar cheio de incenso e o cheiro de lampiões a óleo.

CRESCENDO

Não havia muita coisa diferente dentro dessa rotina diária, com exceção dos dias de festival e durante os períodos de meditação intensa e orações chamados de retiros. Todavia, ele ainda tinha tempo para seus *hobbies* e a exploração do labirin-

Lhamo Thondup, três anos de idade, tempo durante o qual ele já tinha sido reconhecido como o 14º Dalai Lama.

Bandeiras de orações sobre uma pilha de cascalhos, possivelmente uma construção sagrada profanada, Tibete Central.

to de salas no Potala durante o inverno. O Dalai Lama achou um antigo projetor, que ele rapidamente aprendeu a usar, tendo uma aptidão para as coisas mecânicas. Ele também gostava de desmontar relógios e montá-los novamente em seguida, depois de um desastre inicial de quando ele abriu o fundo de um relógio e as peças internas se espalharam pelo chão!

Em Norbulingka, para seu prazer e alegria, ele achou três velhos automóveis que tinham sido importados por seu predecessor. Junto com um ajudante também mecânico que tinha sido o motorista do 13º Dalai Lama, ele conseguiu combinar suas peças e eventualmente ter um dos carros funcionando. Incapaz de resistir à tentação, um dia ele dirigiu o carro pelo estacionamento de Norbulingka. Entretanto, não tendo aprendido a dirigir apropriadamente, ele bateu em uma árvore e de alguma forma envergonhado levou o carro de volta para a garagem, conseguindo esconder o farol quebrado de seu ajudante com fita adesiva e tinta.

Ocasionalmente a mãe do Dalai Lama e sua irmã mais velha, Tsering Dolma, vinham visitá-lo, trazendo pão caseiro, que ele adorava. A família morava em uma casa nas terras do Norbulingka e, às vezes, ele escapava para fazer uma visita e lá comia algumas guloseimas como tiras de carne seca com molho apimentado, embora isso não fosse oficialmente permitido. O Dalai Lama se lembra de que o protocolo formal que o cercava era às vezes opressivo e ele encorajava a informalidade sempre que podia; um hábito que guarda até hoje.

Ele também tornou-se amigo de um prisioneiro de guerra austríaco que tinha conseguido chegar até Lhasa vindo de um campo de prisão inglês na Índia. Ele aprendeu coisas do mundo exterior com seu novo companheiro, Heinrich Harrer, que escreveu o livro *Seven Years in Tibet* (*Sete Anos no Tibete*) sobre o tempo que passou no país e de sua amizade com o jovem Dalai Lama. Harrer ajudou-o com seus estudos de inglês e também a consertar os vários objetos mecânicos importados no período do 13º Dalai Lama que tinha caído no desespero.

Em 1947, quando ele completou doze anos, o Dalai Lama teve sua primeira experiência de intriga política quando o primeiro regente deposto, Reting Rinpoche, tentou ganhar de volta sua regência à força, resultando em uma luta armada durante a qual muitos de seus seguidores morreram. O Dalai Lama ouviu tiros sendo disparados e, depois de sua excitação inicial, com tristeza percebeu que aquele som significava a morte de muitas pessoas. Pouco tempo depois, Reting Rinpoche morreu de forma misteriosa na prisão. Com a segurança reforçada, principalmente em sua primeira sessão de debates públicos no Mosteiro Drepung e, logo depois, o Dalai Lama assegurou-se de que o não se esqueceria de sua primeira lição na luta pelo poder e de suas freqüentes trágicas conseqüências.

Este era o mundo do jovem Dalai Lama, que continuou em sua maior parte de forma pacífica até que ele completou quinze anos. Em outubro de 1950, aconteceu a primeira onda de invasão chinesa, e com isso sua era de inocência foi interrompida quando oitenta mil soldados marcharam para dentro de Chamdo e começaram a "liberação pacífica" do Tibete, daquele dia até sua fuga em março de 1959, este monge-criança teve de amadurecer e passar a ser o líder de um país ocupado e de um povo que iria sofrer terrivelmente nas mãos de seus opressores.

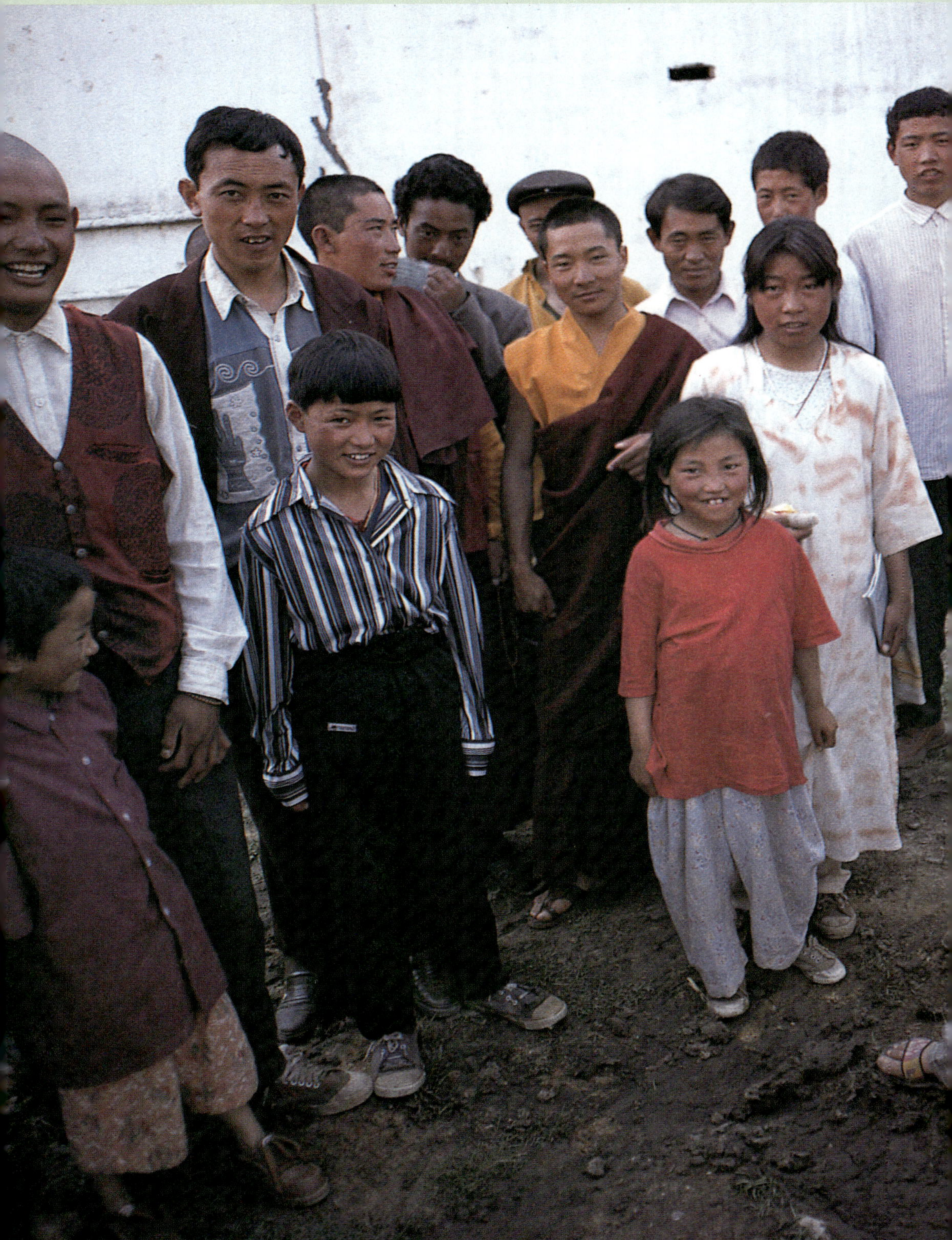

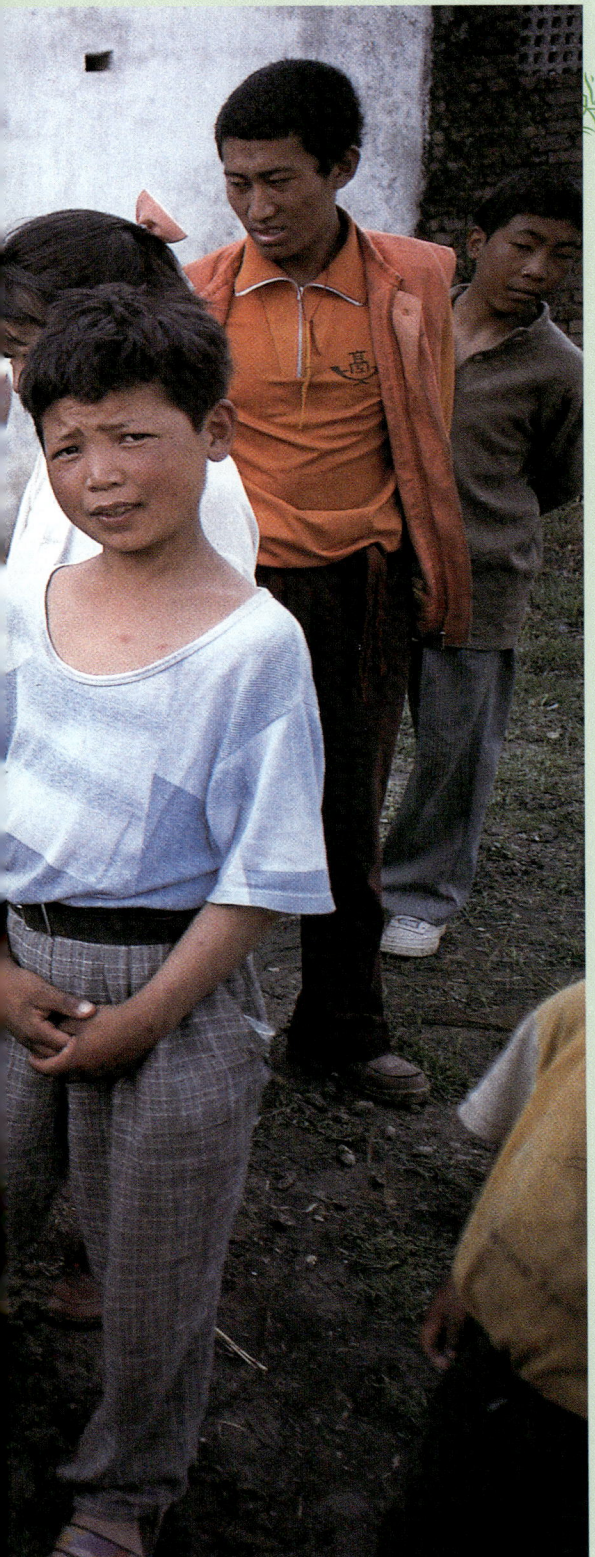

6

Uma Nova Vida na Índia

Hoje eu estou realmente feliz, mas inevitavelmente a minha existência atual é muito diferente daquela na qual fui criado.

14º DALAI LAMA

Por quase uma década, de 1950 a 1959, o Dalai Lama tentou negociar com as autoridades chinesas que tinham assumido o poder depois de sua invasão bem-sucedida no Tibete em Setembro de 1950. Ciente de que esta cooperação seria útil na implementação de novas políticas, o governo chinês deu ao Dalai Lama e ao seu governo uma possibilidade de compartilhar do poder. Na realidade, isso não passava de uma fachada, mas de qualquer forma ela seria capaz de ajudar a desacelerar as mudanças inevitáveis. Como o modo tradicional de vida estava gradualmente

O Dalai Lama com seu irmão mais jovem durante sua fuga do Tibete

Página anterior: Refugiados recém-chegados do Tibete no centro de recepção em Kathmandu, 1997.

sendo desmantelado, a situação não parava de piorar, principalmente as práticas religiosas que eram uma parte tão importante da existência tibetana. Essa interferência chinesa era desrespeitosa e insensível, obviamente com o intuito de reduzir o papel que a religião representava na vida cotidiana. O Dalai Lama tentava consistentemente ganhar concessões para o povo tibetano, mas ele era considerado pelos chineses como sendo um dente cariado que um dia seria extraído.

Na primavera de 1959, os tibetanos achavam que já tinham aturado o suficiente de seus novos governantes indesejados e estavam meramente esperando por um incidente como desculpa para liberar sua cólera reprimida. Não demorou muito. Pouco depois de o Dalai Lama receber sua graduação *Geshe* nos estudos Budistas (algo equivalente a um Ph.D.), o General Chiang Chin-wu, aproveitando-se das saudações tradicionais do Ano-Novo, convidou o Dalai Lama para assistir a um grupo de dança chinesa que havia recém-chegado em Lhasa. A jurisdição sugerida foi o quartel militar chinês onde havia um palco iluminado apropriado.

Foi somente na incitação dos chineses de se tomar medidas de segurança "especiais" que a suspeita revelou-se. O general tinha sugerido que o Dalai Lama viesse sozinho, ou acompanhado de um ou dois guarda-costas desarmados, para que a visita pudesse ser mantida em segredo. Essa foi de alguma forma uma proposta ridícula porque a preocupação dos tibetanos com a segurança do Dalai Lama significava que muitas pessoas faziam questão de saber onde ele estava a todo instante. Com o espalhar das notícias sobre a invasão, muitos tibetanos decidiram que isso era um complô para seqüestrarem, ou até mesmo assassinarem o Dalai Lama.

As pessoas começaram a se aglomerar ao redor do Norbulingka, e conforme a multidão crescia, aumentava também o

O Dalai Lama com o Oráculo Nechung em transe, sendo apoiado por servos.

sentimento antichinês. Foi feita uma reunião entre o tibetano sênior e oficiais chineses, que não terminando bem, fez com que crescesse a raiva dos chineses e acusassem os tibetanos de incitar as multidões e ameaçar atos de represálias terríveis. Eles então sugeriram que o Dalai Lama fosse para o quartel-general militar para a sua própria segurança e deram indícios de que iriam atirar na multidão e no Norbulingka, mas o Dalai Lama foi capaz de resistir a essa idéia temporariamente.

A situação era então desesperadora, por isso o Dalai Lama consultou o Oráculo Nechung em busca de conselhos. Antes disso, o oráculo tinha dito que ele deveria permanecer em Lhasa, mas desta vez, quando Dorje Drakden assumiu o corpo do médium, houve um senso de urgência.

Para meu total espanto, ele gritou "Vá! Vá! Esta noite!" O médium ainda estava em seu transe, e logo em seguida cambaleou para a frente, arrancou um pedaço de papel, pegou uma caneta e escreveu de forma bem clara e explícita a rota que eu devia usar para sair de Norbulingka, até a última cidade tibetana na fronteira com a Índia. As direções não eram exatamente o que esperavam.

14º Dalai Lama

O Dalai Lama realizou uma outra cerimônia, chamou um Mo, para confirmar a decisão do oráculo, já que as chances de uma fuga bem-sucedida estavam agora diminuindo rapidamente. Essa também talvez tenha sido a decisão mais importante que ele teve de tomar. O Mo confirmou a indicação do oráculo, e um plano de fuga foi imediatamente esquematizado. Um grupo dos

O Dalai Lama (no cavalo branco) cruzando os Himalaias no caminho para o exílio na Índia

conselheiros mais íntimos do Dalai Lama, tutores e membros da família se preparou para partir naquela mesma noite. Uma reunião secreta foi convocada com os líderes da multidão do lado de fora do Norbulingka, que o asseguraram de que ele poderia passar com segurança pela multidão naquela noite, visto que haveriam espiões no meio do povo. De improviso, disfarces foram rapidamente preparados e provisões foram recolhidas para a viagem, mas quase tudo teria de ser deixado para trás.

Antes de partir, o Dalai Lama foi até o santuário de Mahakala, sua divindade protetora pessoal, para fazer suas orações. Haviam alguns monges ali já realizando o *puja* — ritual religioso — e rezando. Ele leu um trecho das escrituras Budistas na qual Buda falava da necessidade de coragem e confiança e passou algum tempo em meditação.

Eu fui até o altar e mostrei um kata, um pedaço de seda branca, à divindade. Este é o gesto tibetano tradicional na partida e indica não somente a conciliação, mas também implica a intenção de retorno.

14º DALAI LAMA

FUGINDO PARA A ÍNDIA

Vestido com calça que não era de seu costume e um casaco, o Dalai Lama foi recebido por oficiais similarmente disfarçados em um dos portões do Norbulingka. Sob o pretexto de conduzir uma ronda de inspeção de rotina, eles conseguiram chegar além da multidão até o Rio Kyichu. Ali foram recebidos por homens com barcos ovais, que os levaram até o outro lado do rio. O Dalai Lama se lembra de sentir receio de que o barulho dos remos contra a água pudesse trazer até eles os soldados chineses ou provocar um tiroteio sobre eles. Do outro lado ele se reuniu com o restante de sua família e seu séquito e foram apresentados aos lutadores da liberdade que, com seus pôneis, iriam acompanhá-los.

Aquela primeira noite foi a mais perigosa com grandes chances de serem pegos pelos soldados chineses, por isso os refugiados cavalgaram quase que sem intervalos até o nascer do sol. Com o pior para trás, o Dalai Lama se lembra da confusão de seus cavalos e de seus equipamentos.

Pelo fato de o mosteiro que tinha providenciado, os animais não ter tido tempo suficiente, e por causa da escuridão, os melhores cavalos tinham sido preparados com as piores selas e dados às pessoas erradas, ao passo que algumas mulas mais velhas e desgrenhadas usavam os melhores arreios e estavam sendo cavalgadas pelos oficiais mais velhos!

O Dalai Lama tinha antes a intenção de ficar no Tibete e negociar com os

O Dalai Lama visto montando uma dzomo tibetana, ou uma iaque fêmea, semelhante a uma que ele usou durante sua fuga.

chineses a uma distância segura de Lhasa, mas durante a caminhada do grupo eles receberam notícias das granadas em Norbulingka, lutas e milhares de mortes. Finalmente, no dia 24 de março, o Dalai Lama, ouvindo um rádio de ondas curtas, escutou Zhou Enlai anunciar a dissolução do governo tibetano. Vários grupos de lutadores da liberdade também trouxeram notícias das tentativas chinesas de fechar a fronteira e impedir sua fuga. Assim ele chegou à triste conclusão de que a negociação não seria mais possível.

A jornada foi longa e árdua, atravessando as terras mais difíceis do Tibete, que ainda estavam cobertas pela neve. A acomodação era básica e depois de passar uma noite próximo à fronteira em uma barraca que tinha goteiras, o Dalai Lama sucumbiu a um acesso de desinteria. O grupo descansou por um dia em Mangmang, mas prevenidos de que os chineses estavam se aproximando decidiu tentar alcançar a fronteira, apesar da doença. Um grupo mais à frente já tinha sido enviado para pedir permissão para que eles pudessem buscar asilo na Índia, e esta havia sido concedida.

Eu agora tinha a difícil tarefa de dizer adeus aos soldados e aos lutadores da liberdade que tinham me acompanhado por todo o percurso de Lhasa, e que iriam agora retornar e enfrentar os chineses. Após me despedir daquelas pessoas com lágrimas, eles me ajudaram a montar as costas de uma dzomo [uma fêmea mestiça de um touro tibetano e uma vaca comum], por eu ainda estar doente demais para usar um cavalo. E foi essa forma humilde de transporte que eu usei para deixar minha terra natal.

14º Dalai Lama

Por volta das 16 horas no dia 31 de março de 1959, o Dalai Lama parou, caminhou por um campo aberto numa terra de ninguém, e foi recebido por um comandante *Gurkha* trazendo um cachecol branco tradicional. Ele aceitou o cachecol e cruzou a fronteira indiana em direção ao exílio.

O Dalai Lama chega na Índia depois de sua fuga do Tibete, 1959.

UMA NOVA VIDA

Cerca de quarenta anos mais tarde o Dalai Lama ainda vive exilado a apenas alguns dias de viagem de onde ele chegou na primeira vez na Índia. McLeod Ganj, em Himachal Pradesh, é hoje seu lar, assim como o de uma comunidade de tibetanos que também enfrentou o longo percurso em busca da liberdade. Atualmente turistas juntam-se aqui, trazidos por seu interesse no Budismo tibetano e na cultura e, acima de tudo, no Dalai Lama, este residente mais famoso dessa pequena cidade. Entretanto, se estabelecer ali não era seu plano original quando ele chegou na Índia. Ele não fazia idéia de que sua permanência seria tão longa.

Com o passar dos anos, tem ficado claro que não existe uma possibilidade de retorno iminente para o Tibete, apesar dos esforços de entendimento do Dalai Lama em negociar com os chineses. Por isso ele tem se adaptado a essa nova vida, que é muito diferente daquela de seus predecessores que governaram o Tibete. Diferente de seus ancestrais ele freqüentemente está viajando, visitando os muitos países dos quais as Organizações Tibetanas e Budistas o convidam, mas ele gosta muito de seu surpreendente modo de vida simples, quando está em casa em McLeod Ganj.

UM SIMPLES MONGE BUDISTA

Como um monge Budista, minha preocupação se estende para com todos os membros da família humana, e de fato para todos os seres vivos com sentimentos de sofrimento.

14º DALAI LAMA

O Dalai Lama tem dito com freqüência que ele é um simples monge Budista, e quando está liberado das visitas internacionais importantes e dos negócios do governo tibetano exilado, este é o papel que o deixa mais feliz ao desempenhá-lo. Ele se empenha a passar pelo menos cinco horas e meia por dia engajado na meditação, orações e leitura de escrituras, embora essas atividades não sejam separadas dos demais aspectos de sua vida. Enquanto come, por exemplo, ele geralmente estuda um texto religioso e as escrituras Budistas e lê orações especiais que um praticante pode rezar na maioria das atividades diárias. Como o Dalai Lama passa muito tempo viajando, ele também reza enquanto viaja.

Eu tenho três razões principais para orar: primeiramente, isso contribui para a realização de meu trabalho diário; segundo, isso me ajuda a passar o tempo de forma produtiva; e terceiro, a oração acalma o medo!

14º DALAI LAMA

Dois homens atravessando o Rio Kyichu, Lhasa, em um barco de pele de iaque.

Em um dia normal, o Dalai Lama se levanta por volta das 4 horas da manhã e começa o dia recitando seus mantras. Ele não bebe chá antes disso, embora este seja um hábito tibetano muito comum ao qual muitos outros monges se entregam, mas em vez disso ele toma um remédio tibetano com água quente. Mais práticas espirituais seguem-se, incluindo prostrações. Esses atos são às vezes mal interpretados comparando-se às reverências que se fazem em frente de imagens esculpidas, mas são praticados em frente a estátuas de Buda com o propósito de se cultivar os princípios Dele no interior de uma pessoa. O Dalai Lama também afirma que as prostrações são uma boa forma de exercício!

O Dalai Lama então geralmente faz uma caminhada no início da luz da manhã, rezando e ouvindo as canções dos pássaros em seu coro matinal. Como alguém que adora observar os pássaros, ele colocou um alimentador para pássaros próximo à janela de um de seus quartos principais. Durante o café da manhã ele costuma ver o noticiário no *World Service* (Serviço Mundial) no canal BBC, ou simplesmente lê um texto religioso, antes de se entregar a um período de meditação por duas horas. Depois disso segue-se um estudo da filosofia Budista até o horário do almoço.

Sua tarde é reservada para os trabalhos governamentais, prestando assistências, dando entrevistas e realizando outras tarefas oficiais. O jantar é servido por volta das 6 horas da tarde, e depois ele assiste um pouco de televisão ou lê um jornal antes de encerrar seu dia com mais oração e meditação. Ele se recolhe por volta das 21 horas e diz que normalmente dorme rápida e profundamente. Embora existam cada vez menos dias simples como estes, ele se agrada com seu interesse no Budismo tibetano. Tudo que uma pessoa precisa fazer para entender o quanto ele gosta de compartilhar de seu profundo conhecimento do Budismo é participar de uma das sessões de ensino do Dalai Lama.

A Ciência também é um assunto que fascina o Dalai Lama. Ele já se encontrou com vários profissionais mais importantes da Ciência e já participou de muitas conferências examinando as ligações íntimas entre a espiritualidade e a Ciência. Ele sente que essas ligações são vitais para se compreender completamente como nosso mundo existe, e que esse entendimento nos levará a um respeito ainda maior para com o mundo natural. Ele sempre fala sobre a fragilidade da ecologia do planeta. Ele também tem incentivado os estudos científicos nas mudanças que ocorrem nas ondas cerebrais quando uma pessoa entra em um estado de meditação profunda, e isso é algo que tem provado sua utilidade em desenvolver uma compreensão de como nossas mentes funcionam.

Uma montagem mostrando uma fotografia do rosto do jovem Dalai Lama colocado em uma pintura, 1958.

Por duas semanas ao ano o Dalai Lama quebra sua rotina para fazer um retiro de meditação. Ele sempre diz que gostaria de passar três anos em retiro mas sabe o quanto isso seria difícil ao considerar as exigências de seu tempo. Enquanto em retiro, ele passa até doze horas por dia empenhado na prática espiritual e isso lhe proporciona um bom intervalo de suas obrigações oficiais e assistenciais. Ainda assim a essência de ser um "simples monge Budista" está em ajudar os outros a encontrar a felicidade e evitar o sofrimento, e, por intermédio de seus ensinamentos públicos e palestras, ele toca profundamente as vidas de muitas pessoas ao redor do mundo, compartilhando com elas as filosofias espirituais antigas que nos possibilitam encontrar a felicidade.

Um Homem de Paz

A apresentação do Prêmio Nobel da Paz ao Dalai Lama aconteceu no dia 10 de dezembro de 1989, que é o dia do aniversário da Declaração dos Direitos Humanos das Nações Unidas.
Os trechos e comentários seguintes são tirados dos discursos e entrevistas da cerimônia.

Você é agora um homem reconhecido em todo o mundo como um dos porta-vozes mais proeminentes dos direitos humanos tendo como base a verdadeira e duradoura paz. Poderia existir qualquer outra forma mais adequada que essa para celebrarmos isso hoje do que oferecendo a ele o Prêmio da Paz?

EGIL AARVIK, PRESIDENTE DO COMITÊ NOBEL

Eu sou um simples monge Budista vindo do Tibete, alguém que segue com grande convicção uma forma de vida espiritual, particularmente o caminho nobre do Buda, a essência do que é a unificação habilidosa da compaixão universal e da sabedoria. Eu também sou alguém que, por meio de um curso natural de eventos, está ligado ao destino do Tibete, seu povo e sua cultura, e que tem dedicado toda sua energia em cumprir com essa responsabilidade. Que essa pessoa seja digna de receber o Prêmio Nobel da Paz é de fato uma grande honra. Eu sinto um grande senso de alegria e orgulho. E eu tenho certeza de que para as pessoas no mundo todo que verdadeiramente acreditam e anseiam pela paz mundial e pela harmonia genuína, este prêmio também será uma fonte de alegria.

Assim, gostaria de expressar a todos o meu sincero agradecimento. Este prêmio representa o reconhecimento mundial e o apoio pela causa justa da luta pela liberdade do povo tibetano e sua autodeterminação... E assim como espero e rezo

O Dalai Lama cumprimentando visitantes indianos, 1989.

Assim que fiquei sabendo do prêmio, meu primeiro pensamento foi, eu quero fazer algo para aquelas pessoas neste mesmo planeta que estão enfrentando a fome. Por isso quero contribuir com minha parte deste dinheiro com projetos para a fome.

Em segundo lugar, quero muito contribuir; veja bem, na Índia existem algumas organizações que cuidam de leprosos e em algumas poucas ocasiões fiz algumas pequenas contribuições. Então, agora, quero contribuir com algum dinheiro daqui para este projeto.

E mais uma coisa: Eu quero contribuir com uma das instituições existentes que lutam pela paz mundial. E mais uma parte para uma instituição tibetana, principalmente na educação, quero usar um pouco de dinheiro. E por último quero estabelecer uma fundação, uma Fundação Tibetana pela Responsabilidade Universal. E estas são minhas metas.

14º DALAI LAMA

Página anterior: Dando uma bênção Kalachakra pela paz mundial em Jispa, norte da Índia, 1994.

todos os dias por uma paz duradoura em nosso planeta, eu também irei trabalhar com afinco em direção a este objetivo para que possa nascer o dia quando as pessoas em todo o mundo irão se amar e se ajudar vivendo em uma harmonia genuína.

14º Dalai Lama

Estou feliz por vir até Oslo vê-lo receber o prêmio. Este foi um dia fantástico para a Sua Santidade, para o povo tibetano, mas especialmente para a paz no mundo.

Charles Rose, Congressista dos Estados Unidos

Sinto que o Dalai Lama é um dos poucos indivíduos como um líder masculino, um dos poucos com o pensamento cuidadoso e feminino, ecológico e de líderes com um pensamento descentralizado. Existem bem poucos no mundo.

É por isso que as portas se fecham para ele, porque a língua que ele fala, a espiritualidade que ele tem, não é compreendida pelas pessoas materialistas nem pelos chineses porque a filosofia materialista em seu governo não é capaz de lidar com a espiritualidade do Dalai Lama. Penso que o Dalai Lama é provavelmente o mais político e mais eficiente em pregar que a não-violência é a única solução na era atômica.

Petra Kelly, MP do Oeste da Alemanha

Fiquei muito feliz quando tudo aconteceu. Acredito que esse tenha sido um grande estímulo, não somente para o Tibete e pela luta pelos direitos humanos e liberdade do Tibete, como também uma grande conquista para o Dalai Lama, mas penso que este seja um grande estímulo pela luta dos direitos humanos e pela dignidade no mundo todo.

Harald Elefsen, MP da Noruega

O comitê quer enfatizar o fato de que o Dalai Lama, em sua luta pela libertação do Tibete, tem consistentemente se oposto ao uso da violência. Em vez disso ele tem defendido soluções pacíficas baseadas na tolerância e no respeito mútuo com o propósito de preservar a herança histórica e cultural de seu povo. Na opinião do comitê, o Dalai Lama tem apoiado propostas construtivas e de visão futura para a solução dos conflitos internacionais, questões de direitos humanos e problemas ambientais globais.

Comitê Nobel Norueguês

7

O Dalai Lama como uma Figura Internacional

Até agora, eu recebi apoio somente por minha crença de que onde quer que você vá, as pessoas em toda parte são basicamente as mesmas, apesar de certas diferenças superficiais.

14º DALAI LAMA

As notícias da ocupação tibetana e do exílio do Dalai Lama na Índia talvez não tenham provocado nenhuma intervenção política, mas com certeza elas causaram um interesse esotérico internacional. Isso continuou durante os anos, e indivíduos e pequenos grupos começaram a explorar maneiras para defenderem o Tibete e ajudar os tibetanos. Mas, acima de tudo, o Dalai Lama, como um monge Budista e professor, um difusor da paz e da compaixão, assim como o líder do Tibete, cada vez mais prendia a imaginação e os corações de milhares de pessoas ao redor do mundo.

Durante os primeiros anos de seu exílio, diferente de sua primeira visita à China, o Dalai Lama não tinha visitado outros países com exceção da Índia, onde ele hoje vive, mas em 1967 ele fez sua primeira viagem para o exterior, visitando o Japão e a Tailândia. Ele principalmente se encontrou com outros monásticos Budistas nesta ocasião, o que o agradou muito, porque ele sentiu que isso o ajudava a enxergar o Budismo tibetano num contexto Budista muito mais amplo e percebia o quanto o Budismo é bem recebido em outros países nos quais as práticas religiosas são ba-

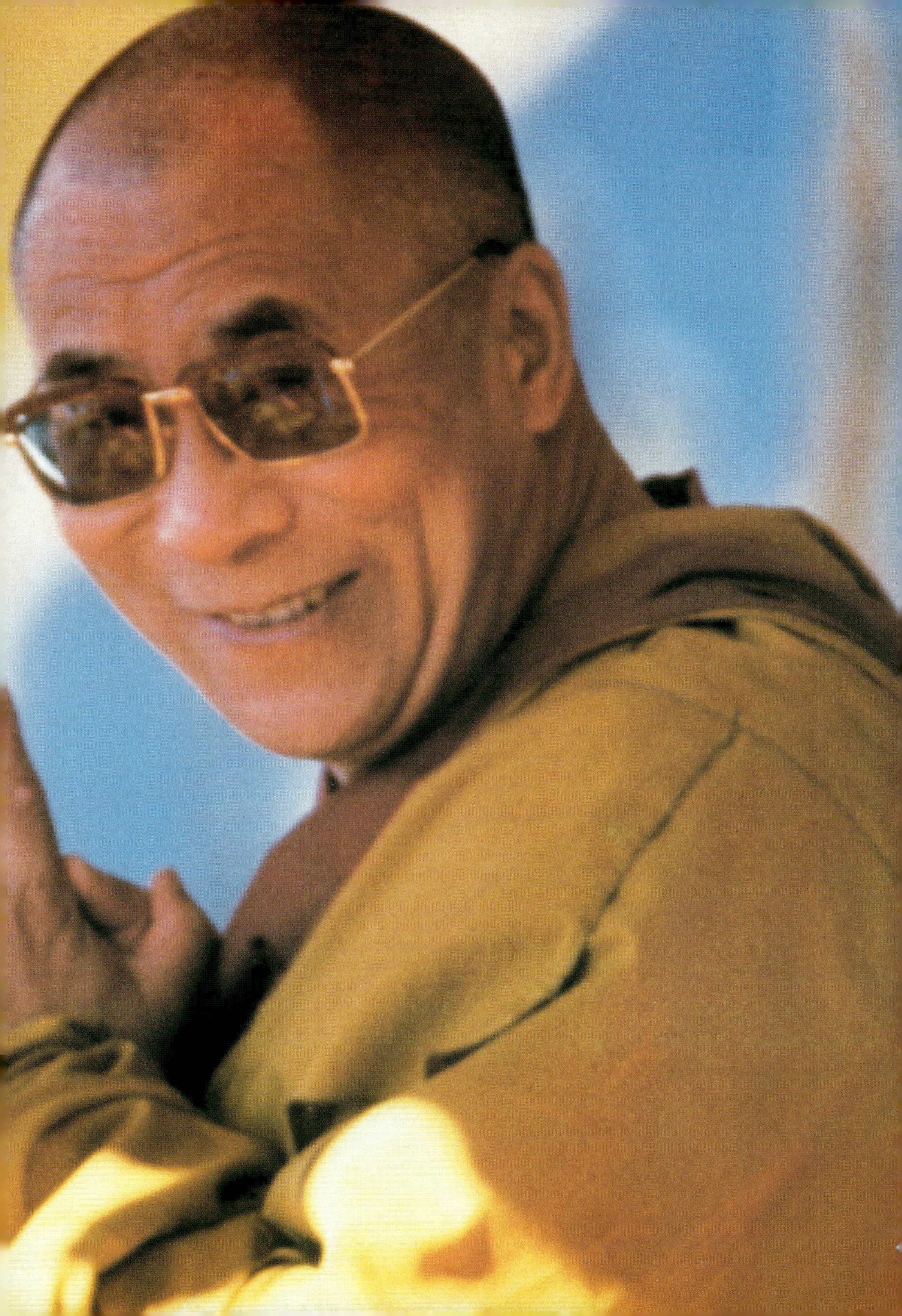

Página anterior: A iniciação no Kalachakra que o Dalai Lama deu na Mongólia em 1995, durante sua primeira visita lá desde a queda da União Soviética.

O Dalai Lama cumprimentando membros do público no Royal Albert Hall, Londres, 1984.

sicamente as mesmas, apesar de algumas poucas diferenças culturais. No entanto, um problema espinhoso também surgiu quanto à forma que ele deveria ser convidado a visitar tais países, para que isso não comprometesse esse lugar preocupado com suas relações comerciais e diplomáticas com a China.

O governo chinês posteriormente tentou impedir o Dalai Lama de participar de qualquer encontro formal com oficiais de governos estrangeiros, dizendo que isso seria interpretado como uma intervenção nos assuntos internos. Este edital é válido até hoje, o que significa que, quando o Dalai Lama visita um outro país, ele o faz como um líder religioso, ou como representante em uma conferência, ou como porta-voz da paz. Visto que o governo tibetano no exílio não é reconhecido pela maioria dos países que ele visita, ele não pode discutir nada político com oficiais de governos estrangeiros, e geralmente não se reúne com estas pessoas publicamente a não ser que a figura religiosa líder desse país também esteja presente. Ele esteve, entretanto, reunido com Bill Clinton e John Major socialmente ou durante visitas rápidas e informais. No entanto, isso não tem diminuído o número de convites que são estendidos a ele, nem tampouco o entusiasmo do Dalai Lama em conhecer muitas pessoas diferentes.

Especialmente, eu agradeço a oportunidade de viajar, conhecer e conversar com pessoas de todas as formas de vida — alguns pobres, alguns ricos, outros bem educados, outros com problemas no setor da educação, alguns que são religiosos e muitos que não o são.

14º Dalai Lama

VISITANDO A EUROPA

Por seis semanas, em 1973, o Dalai Lama percorreu a Europa, visitando onze

O Dalai Lama com Heinrich Harrer na inauguração da mostra fotográfica de Harrer celebrando o Ano Internacional do Tibete, Nova York, 1990.

países e se envolvendo com culturas ocidentais pela primeira vez. Entusiasmado com a oportunidade de descobrir pessoalmente as cidades européias que ele tinha antes visto em livros ilustrativos, também estava curioso com relação às diferenças culturais entre o Leste e o Oeste. Ainda assim ele se recorda que, ao voar para Roma — sua primeira escala na viagem —, sua primeira impressão foi a de ver as mesmas árvores e sinais de habitação humana que lhe eram familiares e perceber que quaisquer diferenças eram, portanto, apenas superficiais.

Em Roma, ele se encontrou com o Papa Paulo VI e sentiu-se satisfeito ao descobrir que concordavam sobre a importância da crença religiosa, independentemente de seu credo. Ele pôde rever seu velho conhecido Heinrich Harrer e sentiu um grande prazer ao reencontrar o amigo. Na Suíça, ele conheceu al-

O Dalai Lama sendo recebido por multidões de simpatizantes na Polônia.

gumas das duzentas crianças, antes exilados tibetanos, que tinham sido adotadas por famílias suíças. Essa foi uma experiência muito comovente para o Dalai Lama, já que muitas delas não mais sabiam falar sua língua.

Embora tenha sido uma viagem relâmpago, com tempo muito escasso para conseguir não mais do que uma impressão geral de muitos lugares que visitou, esta primeira experiência internacional foi algo surpreendente e emocionante para o Dalai Lama. Essa primeira visita à Europa também estimulou o interesse geral no Tibete e no Budismo tibetano, resultando em muitos outros convites futuros.

Em todo lugar que fui, encontrei a mesma gentileza e hospitalidade e sede de informações sobre o Tibete. Ficou claro para mim que meu país possui uma fascinação especial para muitas pessoas no mundo todo.

14º DALAI LAMA

OLÁ DALAI!

Finalmente, em 1979, o Dalai Lama visitou os Estados Unidos, consciente de sua reputação do país mais rico e mais livre do mundo. Ele foi recebido com a manchete de capa no *New York Times* dizendo, "Olá Dalai!" o que de forma bem-humorada marcou este encontro. Embora ele já tivesse visitado a Europa, e assim experimenta qualquer choque cultural inicial entre o Oriente e o Ocidente, os Estados Unidos representam talvez a pedra fundamental dos valores culturais modernos do Ocidente e o padrão pelo qual são julgados. Portanto, esta visita aos Estados Unidos foi uma experiência particularmente interessante e instigante para o Dalai Lama.

Inevitavelmente influenciado pela propaganda chinesa contra o capitalismo a que ele tinha sido exposto durante seu tempo na China, o Dalai Lama era agora capaz de verificar por si mesmo se havia alguma verdade na retórica que tinha ouvido. Sua primeira impressão foi favorável; as pessoas pareciam livres em expressar-se sem censura, tanto verbalmente quanto em termos de seus estilos de vida. Ele sentiu em todos que conheceu como sendo pessoas abertas e amigáveis, e interessadas em ouvir sobre ele e o Tibete. Ele era recebido com cordialidade em todos os lugares que discursava — embora sentisse que seu inglês fosse fraco — e adorou o entusiasmo jovem das platéias de estudantes às quais se dirigia.

Entretanto, ele também notou algumas coisas que o surpreenderam e que davam alguma credibilidade à crítica comunista. Ele ficou assombrado ao ver mendigos em um país tão próspero e incomodado com a desigualdade das classes sociais, tanto com os ricos quanto com as pessoas destituídas vagando pelas ruas das grandes cidades. Ele observou que a riqueza, e seu acú-

Dando mais uma iniciação Kalachakra em Madison, Wisconsin, em 1979.

mulo, causava estresse e ansiedade, e que as pessoas precisavam tomar calmantes para conseguir dormir. Ele também viu que o culto ao indivíduo, que libertava as pessoas dos laços de família e suas classes de alguma forma, também resultava na alienação e na solidão. E a tão admirada (por ocidentais) liberdade de pensamento às vezes produzia uma mentalidade de "tanto faz", que de certa forma ignorava a relatividade e o real.

O Dalai Lama em uma conferência sobre a Sobrevivência Global, em Oxford, Inglaterra.

Hoje, conhecendo melhor o país, eu posso ver que de algumas formas o sistema político americano não vive seus próprios ideais.

14º DALAI LAMA

Mas existe muita coisa que o Dalai Lama admira nos Estados Unidos, e ele decidiu fazer algumas de suas maiores sessões de ensinamento público lá, principalmente a iniciação Kalachakra no Madison Square Garden de Nova York em 1992. Os Estados Unidos é o lar de muitos centros Budistas e de seus praticantes; ali, angariar fundos para projetos parece uma tarefa menos complicada, e o entusiasmo e a dedicação caracterizam o cenário Budista tibetano na América.

A impressão geral do Dalai Lama do Ocidente convenceu-o firmemente de que a democracia é algo bom, e isso tem causado muitas das mudanças feitas no governo tibetano exilado, que hoje é exercido sob princípios democráticos. Tendo testemunhado ambos extremos Comunistas e Capitalistas, o Dalai Lama concluiu que uma abrangência média, baseando-se em ambos os sistemas, era a mais provável forma de trazer a prosperidade material e a felicidade. O intercâmbio cultural que tem ocorrido durante suas viagens também tem influenciado os povos ocidentais que estão descontentes com o materialismo e a cobiça, e os Estados Unidos e a Europa hoje vangloriam-se de ter um número crescente de comunidades Budistas. Essas comunidades oferecem uma alternativa positiva e estruturada para o curso principal das culturas ocidentais, e cada vez mais seus valores começam a ter uma influência em suas sociedades.

RECEBENDO O PRÊMIO NOBEL DA PAZ

Em 1989, o Comitê Nobel conferiu seu prêmio da paz para o Dalai Lama. Este prêmio trouxe um reconhecimento internacional para seus esforços pacíficos de resolver a situação no Tibete, bem como possibilitou-o de atingir uma platéia maior. O apoio ao povo tibetano aumentou como conseqüência, e muitos novos grupos de auxílio ao Tibete formaram-se pelo mundo. O interesse pelo Dalai Lama em si também cresceu por meio da proeminência e autoridade da plataforma Nobel. Muitos foram tocados por sua generosidade espontânea e seu carisma, além de sua preocupação séria com seu país e povo.

Eu estou muito feliz por estar aqui com vocês hoje para receber o Prêmio Nobel da Paz. Eu me sinto muito honrado, [e eu me sinto] privilegiado e muito tocado por vocês estarem dando este prêmio a um simples monge Budista do Tibete. Não sou ninguém especial, mas acredito que o prêmio seja um reconhecimento do verdadeiro valor do altruísmo, amor, compaixão e não-violência, o que eu tento colocar em prática de acordo com os ensinamentos de Buda e das grandes sálvias da Índia e do Tibete. Aceito o prêmio com profunda gratidão em nome de todos os oprimidos em toda parte e por todos aqueles que lutam pela liberdade e pela paz mundial [e] como um tributo ao homem que fundou a tradição moderna da ação não violenta, Mahatma Gandhi, cuja vida me ensinou e inspirou. E naturalmente, aceito-o em nome dos seis milhões de tibetanos, meus corajosos compatriotas, homens e mulheres dentro do Tibete, que sofreram e continuam a sofrer tanto.

Eles se deparam com uma estratégia calculada e sistemática voltada para a destruição de suas identidades nacionais e culturais. O prêmio reafirma nossa convicção de que com a verdade, a coragem e a determinação como nossas armas, o Tibete será libertado.

14º Dalai Lama

O DALAI LAMA EM SUAS VIAGENS HOJE

Atualmente, o Dalai Lama recebe muito mais convites do que lhe é possível aceitar, e alguns deles são pesarosamente recusados. Convites para ele ministrar sessões de ensinamentos Budistas ou para participar de conferências são apresentados com um ou dois anos de antecedência para que possam ser encaixados em seu horário cheio. Para os que têm sorte, sua aceitação é anunciada com o início de dezoito meses a dois anos de organização prévia da ocasião importante. A visita do Dalai Lama ao Reino Unido em 1996, na qual eu tive uma pequena contribuição em seu preparo e a qual organizei a gravação dos vídeos, mostra um bom exemplo.

Haviam três organizações convidando, que eram coordenadas pelo gabinete do Reino Unido no Tibete. Uma delas era a recém-formada Rede de Transmissão das Organizações Budistas (N.Bº.) do Reino Unido, e houve algumas trepidações iniciais com relação a encararmos uma empreitada tão grande. Perguntas nervosas, como por exemplo "Nós seremos capazes de reaver custos com as vendas dos ingressos?", ecoavam pela sala onde as discussões preliminares aconteciam. O entusiasmo, porém, de tomar parte de uma ocasião tão especial falava mais alto, e a N.B.O., junto com a Sociedade do Tibete e a Sociedade Budista, fizeram o convite ao Dalai Lama. Ele foi aceito e foram iniciados meses de dedicado trabalho intenso.

Grandes lugares foram reservados: em Londres, o Palácio Alexandra para uma palestra pública, um Festival Tibetano, e uma conferência entre fés, o Barbican para uma sessão de ensinamentos Budistas sobre "As Quatro Nobres Verdades", e para os que estavam no norte, o Free Trade Hall em Manchester para outra palestra. A Sociedade Budista — uma organização abrangente para Budistas de todas as tradições — iria hospedar um pequeno evento para representantes Budistas ingleses. Uma coletiva de imprensa seria concedida na Sala do Jubileu nas Casas do Parlamento, e o Dalai Lama seria recebido com um toque pessoal para um chá com a Rainha Mãe.

Com a proximidade da chegada do Dalai Lama, a tensão crescia. Os ingressos eram tão valiosos como ouro em pó, e boatos se espalhavam com relações aos melhores lugares a fim de ficar próximo às várias entradas e saídas para se obter uma melhor visão do Dalai Lama, ou para se ter a melhor chance de receber uma bênção rápida e um aperto de mão. O dia finalmente chegou. Tibetanos que moravam na Inglaterra foram às ruas usando vestes tradicionais e segurando cachecóis brancos de saudação e montes de incenso queimando. Guardas de segurança seguravam a multidão, embora a chegada do Dalai Lama não fosse um evento público, e somente as pessoas "envolvidas" estivessem lá. Nós posicionamos nossas câmeras, e esperamos.

De repente, o local irrompeu com a chegada do desfile de automóveis. Então, o Dalai Lama saiu de seu carro, sorrindo, e cumprimentando todas as pessoas que conseguia alcançar. Aqueles que ele tocava sentiam-se profundamente emocionados, freqüentemente caindo em lágrimas de alegria. Um pouco antes de entrar na casa onde iria se hospedar durante a visita, ele virou-se no topo da escada, sorrindo quando percebeu os olhares das pessoas que ele conhecia e acenou para todos. Depois ele foi descansar e fazer suas orações antes de embarcar para seus dez dias de horário exaustivo.

Imediatamente após a madrugada, nós chegamos ao Palácio Alexandra para passarmos algumas horas preparando nosso equipamento de vídeo. O lugar já estava alvoroçado com as atividades e havia um clima de boa vontade e excitamento. Com o sol de julho entrando pelas enormes janelas de vidro colorido, o amplo salão aos poucos se enchia com milhares de pessoas. Dançarinos e cantores tibetanos entretinham a multi-

O Dalai Lama no Centro Camden em Londres, 1984.

O Dalai Lama ensinando as Quatro Nobres Verdades no Centro Barbican, Londres, em 1996.

dão ansiosa. Um atraso foi anunciado: o trem do Dalai Lama estava atrasado. Murmúrios ecoaram pelo salão, mas todos esperaram pacientemente. Pouco tempo depois, como que de repente, ele estava no palco, recebendo boas-vindas ruidosas e acaloradas.

Sua palestra no Palácio Alexandra foi um tanto curta, não somente por causa do atraso, mas também porque a multidão aplaudia quase tudo o que ele dizia, de alguma forma levada pelo entusiasmo e devoção. Ainda assim, o Dalai Lama não se incomodava de forma alguma e com precisão afinava o nível de suas palavras ao estado de espírito de sua platéia, fazendo piadas que mantinham a multidão envolta em gargalhadas. Pouco tempo depois, tudo havia terminado, e ele tinha partido. Vagarosamente e cheias de alegria, as pessoas se dispersaram e nós juntamos todo nosso equipamento de filmagem e partimos para o próximo local.

Em todo lugar que o Dalai Lama ia, recebia as mesmas boas-vindas cheias de êxtase do Tibete e das muitas pessoas que simplesmente amam e sentem-se inspiradas por esta pessoa especial; elas estão interessadas no que ele tem a dizer e em como podem aplicar estes conselhos em suas vidas diárias. Sua sabedoria é sempre bem-humorada, sua compaixão se revela pela sua presença, e ele toca as pessoas pelo simples fato de viver de acordo com estes ideais. Quando você está em sua presença, sente-se tocado pelo amor, e ele também cria um senso de paz e tranqüilidade interior em meio a todo o alvoroço do espetáculo que o cerca.

Estas são qualidades humanas protótipas, e pessoas no mundo todo sentem-se comovidas da mesma forma. Não existem obstáculos de nacionalidade, idade, cultura ou crença religiosa para a maneira com a qual o Dalai Lama age para com o que ele ensina. Quase todas as pessoas que ele conhece sentem-se cheias de gratidão pela grande sorte que o encontro com este homem notável lhes proporciona. O Dalai Lama é verdadeiramente um porta-voz da sabedoria antiga que ele traduz tão bem para um mundo contemporâneo.

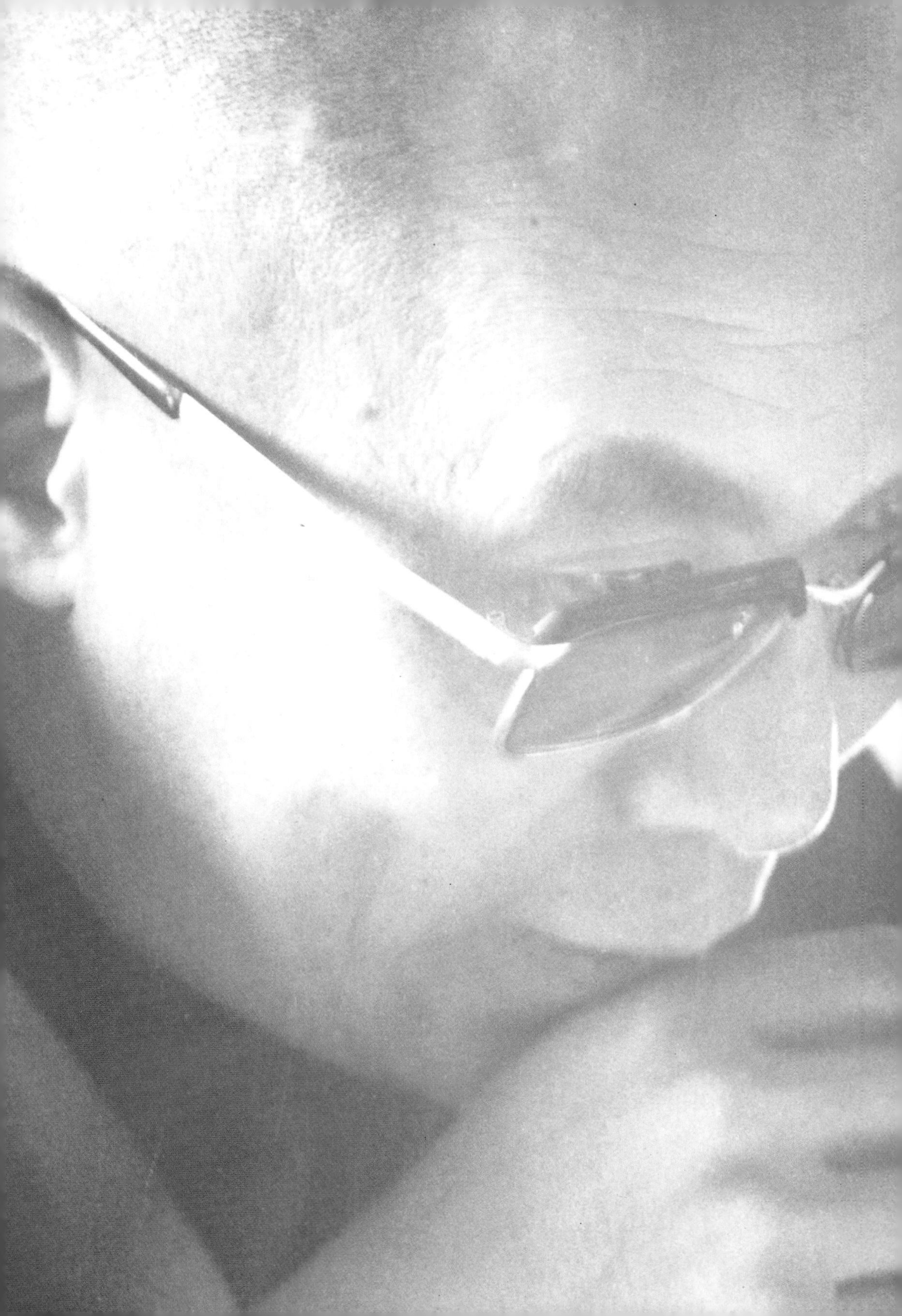

8

Uma Entrevista com o Dalai Lama

No dia 4 de julho de 1996, caminhei por um das duas ruas principais de McLeod Ganj em direção ao palácio do Dalai Lama para nossa entrevista. O ar naquela tarde estava pesado e úmido, com uma monção inicial de chuva ameaçando cair, e estava feliz por entrar em uma sala de espera com ar-condicionado seguindo os guardas de segurança, onde eu me recompus e coloquei meus pensamentos em ordem. Depois de algum tempo, Tenzin Geyche, o secretário particular do Dalai Lama que iria trabalhar como tradutor quando necessário durante a entrevista, levou-me até uma sala confortavelmente mobiliada e espaçosa. O Dalai Lama já estava lá e depois de me cumprimentar com carinho e me deixar à vontade, sugeriu que nos sentássemos e começássemos a entrevista. Dei a ele uma breve descrição do livro que estava escrevendo e fiz a primeira pergunta.

GFH: Qual das mensagens dos ensinamentos de Buda você gostaria que todos conhecessem e colocassem em prática?

DL: Altruísmo, e com o coração. Não somente para com os seres humanos mas também para com os outros animais — todos os seres providos de sentimento. Seja essa pessoa crente ou descrente do Budismo, as pessoas que se importam com a ecologia, ou alguns indivíduos ou organizações que defendem os direitos animais e lutam contra a crueldade aos bichos, essas são boas pessoas. Além disso, eu acredito que se o indivíduo promover uma atitude altruísta, não somente consigo

Página anterior: O Dalai Lama refletindo
Ao lado: O Dalai Lama bem-humorado

blemas humanos. Em especial o Budismo — esta é uma forma de lidarmos com os problemas por meio do esforço mental. Portanto, até onde considerarmos os problemas emocionais humanos básicos, eu acredito que não existam diferenças essenciais entre o Ocidente e o Oriente [e seus povos]. Existem algumas diferenças culturais, mas até onde os ensinamentos do Budismo vão, as pessoas são iguais, ou semelhantes; [não existem] diferenças reais.

mesmo, não somente com a humanidade, mas com todas as demais formas de vida, eu acho que nossa atitude torna-se mais pacífica, mais não-violenta. É também importante a fundação da ética secular.

Geralmente, quando as pessoas olham para as tradições Budistas, elas vêem a base

GFH: O que você pensa do encontro do Budismo tibetano com a sociedade ocidental moderna e seus valores?

DL: Eu sempre sinto que o Budismo e todas as principais religiões do mundo, sem dúvida alguma, lidam basicamente com o sofrimento e com os pro-

Respondendo a uma pergunta enfaticamente.

da arte ou da música e assim têm uma impressão geral de uma religião específica. Algumas delas podem olhar para as túnicas que monges de uma certa tradição usam e pensam que têm uma idéia grosseira de como pode ser esta religião.

Por isso, naturalmente, existem diferenças. Geralmente, quando ouvimos esta palavra "Budismo", imediatamente pensamos em templos e coisas assim, mas se alguém visita a caverna de Milarepa, diria que ela não é nem Budista nem Cristã — nada; apenas uma caverna vazia. Por isso, eu acho que o Budismo representa as Quatro Nobres Verdades [o sofrimento, as causas do sofrimento, a cessação do sofrimento e o caminho para a descontinuação do sofrimento] e as duas verdades [realidade convencional: como vemos o mundo; e realidade máxima: como as coisas verdadeiramente existem], e tudo requer esforço mental. Neste caso não faz diferença se essa pessoa é ocidental ou oriental.

GFH: Por que você está passando bastante tempo no Ocidente?

DL: Somente respondendo os muitos convites!

GFH: Por que você acha que existe tanto interesse no Dalai Lama e no Budismo tibetano no Ocidente?

DL: Nós não podemos dizer "Ocidente" dessa forma generalizada. Mas entre os ocidentais um número de pessoas está mostrando um interesse na filosofia oriental e seu pensamento. Então [existe] o interesse no Budismo. Aqui, eu sinto, primeiro existe uma tendência em querer conhecer mais sobre algo não-familiar. Isso é comum; a natureza humana sempre quer algo novo, eu acho. Eu sinto que no Ocidente sempre existem novas canções, novas danças, novas modas. Da mesma forma, com a espiritualidade, existe uma tendência de procurarmos coisas novas.

Então, eu penso, até onde o Budismo é considerado, sempre existem conversas sobre o treinamento da mente, uma combinação de fé e sabedoria; inteligência e fé juntas. Esse parece ser um novo caminho. Alguns estudiosos me disseram que o Budismo em geral, e o Budismo tibetano em específico, combinam conscientemente a fé e a sabedoria. Por isso a prática religiosa que usa a meditação analítica, usa também a capacidade intelectual humana; é por isso que alguns estudiosos ocidentais realmente demonstram reconhecimento.

Então a meditação, naturalmente, não é apenas para os Budistas, mas para muitos seres humanos. Na antiga prática cristã, a meditação também era importante, mas com o tempo diminuiu, eu acredito. Alguns irmãos e irmãs cristãos estão também hoje demonstrando um forte interesse na meditação. E isso, eu acredito, é muito bom; continuar sendo cristão, mas ser capaz de adotar alguns métodos técnicos ainda disponíveis em outras tradições. Isso, eu acredito, é a razão principal [de por que existe tanto interesse no Budismo no Ocidente]. Especialmente quando praticantes vêem que a prática e abrangência Budistas usa principalmente o treinamento da mente — uma técnica com muitas maneiras de melhorar nossas boas qualidades e reduzir os aspectos negativos — eu penso que essa seja uma das principais atrações.

O Budismo também é racional e lógico. Eu tenho conhecido alguns cristãos que o viam como não-racional; [eles falavam dessa forma] não de uma forma questionadora, [eles estavam] muito cheios de si, mas isso me deixava confuso! [risos]. Praticantes muito sérios conseguem algumas experiências diferentes por meio da meditação, e então sentem seu gosto pela meditação crescer.

GFH: **O que você pensa dos filmes atuais que são feitos sobre você?**

DL: Pessoalmente, eu não sinto muita coisa. Mas considerando-se o crescimento da conscientização sobre o Tibete que vemos nesses filmes, considero-os muito úteis. Entre as pessoas que estão envolvidas nas filmagens destes dois filmes, existem aqueles que têm alguns sentimentos pelo Tibete. Eles vêm apoiando estes filmes com entusiasmo porque sentem que isso será ótimo para os tibetanos. Parece-me que eles não estão pensando em dinheiro, e eu acho que alguma forma de princípio moral está ali, e isso me deixa feliz.

Eu assisti a uma espécie de *trailer* do filme sobre a estória de minha vida, e por isso quando vi os jovens garotos que estão interpretando o Dalai Lama — na verdade existem três deles — eu senti que quando era jovem eu era muito mais esperto do que esses garotos! [muito riso] O cenário é todo artificialmente criado nos *sets* de filmagem; são coisas impressionantes e inteligentes.

GFH: **Que figuras de líderes mundiais você admira, e por quê?**

DL: Primeiro, o Presidente Mao! [risos] Não, falando sério, alguns aspectos de Mao tornaram-no um grande líder. Eu também recebi alguns conselhos úteis dele. Claro que, com o passar do tempo, outros aspectos mais negativos surgiram. Alguns outros líderes chineses também foram impressionantes quando eu estive na China em 1945. Depois na Índia, 1956, o primeiro presidente indiano [dr. Rajendra Prasad] foi um grande líder. Eu não tenho certeza se ele ficou conhecido como um estadista mundial, mas o respeitei com imensidão. Nehru de certa for-

Lembranças felizes do Dalai Lama incluem verões em Norbulingka

O Dalai Lama segurando um tambor damaru

reconciliação. Muito marcante. John Major, quando eu olho para seu rosto, ele parece muito bonito, simpático. Claro que eu não conheço suas políticas o suficiente, mas gostei dele como pessoa quando o conheci. Posteriormente meu recente encontro com o presidente de Taiwan, Lee Teng-hui; primeiro, com relação à história chinesa, ele é na verdade um especialista. Também ele é o primeiro presidente popular eleito em 5.000 anos de história chinesa. Ele possui uma mente muito espiritual, o que me impressionou, me mostrando sua avidez em aprender e praticar a espiritualidade. Eu acredito que em termos de Cristianismo ele tem sentimentos verdadeiramente fortes.

ma foi um grande líder, e de certa forma mais ocidental do que indiano.

Entre os líderes ocidentais que conheci, Willy Brandt foi, eu acredito, importante. Das pessoas ainda vivas, Vaclav Havel, embora eu tenha [ouvido] algumas críticas recentemente. Também, naturalmente, Nelson Mandela. Até ele se tornar presidente eu o admirava, e depois, passei a admirá-lo ainda mais. Ele realmente se importa com o espírito da

GFH: **Você é a favor do diálogo entre fés; o que você acha que isso é capaz de alcançar?**

DL: Mais entendimento, e também uma impressão positiva para o público. Outra coisa é o encontro e a troca de experiência espiritual. Extremamente útil. Eu certamente aprendo a eficácia Budista ao observar tradições diferentes. Como resultado, eu admito, e tenho admiração e reconhecimento, de que todas as principais religiões do mundo são igualmente muito úteis. Por isso tenho muito respeito [por estas religiões]. Como resultado de nosso contato, alguns de nossos irmãos e irmãs em outros costumes religiosos têm algumas atitudes positivas e mais abertas, eu acredito. Eu sinto muito orgulho por ter contribuído para com isso.

Também em meus esforços eu não tento propagar o Buddhadharma [ensinamentos de Buda]. Minha atitude básica está no quanto o Budismo pode contribuir, e não em como transmiti-lo. Portanto, quando eu explico ou ensino o Budismo para os ocidentais, ou para os hindus, ou para aqueles que nascem em um ambiente não-Budista, eu hesito; quando eles vêm participar de uma palestra pública eu não dou a eles as hóstias abençoadas, mas me preocupo de que alguns deles possam sentir que [o] Dalai Lama os está discriminando, e somente dando [-as] para os tibetanos, e não para os ocidentais! [risos] Se eu sei que alguém é um praticante Budista então ofereço, de outra forma, eu sinto que [uma] hóstia sagrada, que é abençoada de acordo com a tradição Budista, é algo muito sagrado, e por isso não é certo e apropriado oferecê-la a não-Budistas.

Isso acontece com todas as coisas sagradas em todas as tradições. Se eu estivesse em uma igreja cristã e o padre me oferecesse a Santa Comunhão, receio que não me sentiria muito confortável! Claro que eu sinto um imenso respeito por Jesus Cristo e pela tradição cristã, mas também penso que é preciso acreditar nestas coisas — muito importante. Portanto, eu tenho respeito por estas religiões diferentes porque elas são o caminho de muitas pessoas, isso é claro, embora isso não signifique que estas outras tradições sejam o caminho para mim.

GFH: Que lembranças lhe são vivas hoje do tempo em que viveu no Tibete?

DL: Alguns momentos felizes, e outros assustadores. Eu sempre gostei de ter deixado o Potala e ter ido para o palácio de verão Norbulingka, no início oficial da estação. O verão era mais bonito, todos os gramados ficando verdes, as árvores de damasco florescendo e os pássaros cantando. Em Maio de 1993, durante minha viagem no Reino Unido, eu visitei Wales pela primeira vez. Um lugar no interior muito bonito. Em frente ao castelo [Cardiff] haviam alguns pavões. Isso me fazia lembrar de meu próprio palácio em Lhasa. Quando eu parti em Março de 1959, alguns pavões estavam lá, por isso sempre tenho uma espécie de preocupação, algum sentimento sobre o que aconteceu com eles depois que fui embora.

GFH: **Em uma declaração recente você disse que se a questão tibetana permanecer não resolvida e os tibetanos ainda quiserem um Dalai Lama, você iria reencarnar fora do Tibete. Quais são as implicações disso?**

DL: Por muitos anos eu tenho dito isso. Essa declaração recente foi feita em um contexto específico, que eu posso explicar mais adiante. De qualquer forma, se, durante minha existência, o retorno ao Tibete não se materializar, e o povo tibetano quiser que eu continue, e eu morrer fora do Tibete como um refugiado, então logicamente, se a reencarnação ocorrer, ela surgirá do lado de fora. Porque o propósito da reencarnação é dar continuidade aos trabalhos iniciados pela vida passada que não tenham sido concretizados. Portanto, em minha existência como o 14º Dalai Lama, eu iniciei alguns trabalhos, como a luta pela liberdade, que ainda não foi alcançada, por isso a tarefa da próxima reencarnação é continuar este trabalho.

Então, se a próxima reencarnação acontecer dentro do Tibete, e no caso dos chineses manipularem essa situação, isso então se tornará o destruidor do trabalho iniciado pelo 14º Dalai Lama. Então, politicamente, alguns oficiais chineses têm mostrado que toda a questão tibetana depende muito de uma pessoa. Esta pessoa está agora envelhecendo e assim que ela morrer não haverá futuro para a luta tibetana. Isso aconteceu no início dos anos de 1980, e por isso esse é um cálculo tolo feito pelos oficiais chineses. E, então, por isso, politicamente, eu senti que é necessário deixar esta questão em evidência caso ela venha a acontecer.

GFH: **Como você concilia as diferentes abordagens da ciência moderna e pratica coisas como o Oráculo e o lançar dos Mos?**

DL: A ciência aceita a definição. Eu acredito que, de acordo com minha compreensão, a ciência está principalmente lidando com a realidade, e incluindo o aspecto físico. Até hoje ela tem estado voltada principalmente para o físico, coisas que têm um fundamento. Mas como a consciência, ou qualquer outra coisa abstrata, essas coisas não podem ser calculadas ou medidas, mas elas também existem. Por isso, agora, como o Oráculo, que é uma forma de vida diferente que eu acredito existir, não somente seres humanos ou animais, mas formas de vida diferentes de fato existem. Nós não podemos dizer que existem somente aquelas coisas que experimentamos e que todas as coisas que não tentamos são inexistentes.

Fotografado com o Presidente Nelson Mandela, África do Sul, 1996.

No século XIX, os cientistas da época defendiam certas coisas como sendo reais e buscavam desvendar tudo o que era irreal. No século XX, achavam muito mais coisas que existem. De novo, [assim como] encontramos coisas nesta mesma base que não podemos dizer que não existem, e no próximo século, encontraremos também outros novos fenômenos.

Assim, eu acredito piamente que o campo da ciência poderá aumentar no futuro. Até hoje a visão da ciência tem visto os Oráculos e tudo o mais como algo misterioso, não é verdade? Portanto, a partir daí, naturalmente, existe uma contradição. Mas para mim a ciência é limitada, com mais para aprender. Portanto, a partir desta perspectiva eu não vejo nenhuma contradição.

GFH: **Quais são seus sentimentos e conselhos sobre a prática do tantra [uma prática de meditação Budista conhecida como o caminho rápido para a luz]?**

DL: Entre a comunidade tibetana, falando de forma geral, existe muita prática do tantra. Das três gerações de tibetanos aqui hoje [na Índia], a maioria são Budistas desde que eram crianças muito pequenas, um tipo de fé existe, adquirida de seus pais e familiares. Geralmente, a maioria dos tibetanos em sua prática diária inclui alguma forma de prática Vajrayana [tantra]. Certamente esta prática não possui um fundamento apropriado. Isso é evidente.

Como os seguidores de Atisha aproximadamente há oitocentos anos atrás, alguns mestres tântricos nunca tinham mostrado às pessoas que eles praticavam o tantrayana. Atualmente, nos mosteiros, alguns monges jovens recitam estes sadhanas tântricos de forma não-convincente [orações que incluem a visualização] sem saber de nada. Então eu acho que infelizmente isso é como é. Por isso, de uma certa forma, a comunidade Budista é muito boa, mas, por outro lado, as práticas são superficiais e não realizadas de forma apropriada.

Os ocidentais têm uma formação e uma tradição diferentes, mas também têm um interesse no tantrayana. Você deve praticar as Quatro Nobres Verdades e as duas verdades, e então estudamos e as praticamos. Mais uma vez você ganha alguma experiência sobre o altruísmo, algum entendimento sobre a *sunyata* [vazio; a filosofia de que nada existe por si só e de que todas as coisas são interdependentes], então, por fim, você pode iniciar a prática do tantrayana. Essa é a forma certa. Se verdadeiramente estudarmos com cuidado o Buddhadharma, esse será o passo a passo. Se levarmos o Buddhadharma a um nível acadêmico e intelectual, tudo bem, você poderá estudar tudo o que existe.

Em nossas idéias, a menos que façamos tudo passo a passo, isso é algo irreal. Alguns ocidentais me perguntam qual é o método mais rápido; se lermos sobre o tantra ele é descrito como sendo o mais rápido e melhor. Isso não quer dizer que seja a maneira mais rápida para todas as pessoas. Isso é válido para as pessoas que estão totalmente preparadas, aqueles que realizaram o princípio fundamental, que é o correto. Hoje, se você pergunta qual é a melhor universidade, você pode dizer que essa universidade é melhor para um certo assunto, como tecnologia, por exemplo. Isso não significa que automaticamente todas as crianças devem ir para esta faculdade simplesmente porque ela é a melhor. Ela só será a melhor para os alunos que já têm todos os requisitos para estudarem lá. Da mesma forma, para aqueles que fizeram todos os preparativos, a melhor prática é o tantra. Isso é muito importante. Eu acredito que em muitos aspectos.

Eu sinto muitas ansiedades com relação aos tibetanos estarem praticando o Budismo, portanto, naturalmente, me sinto muito preocupado com os ocidentais. Por isso eu não estou desencorajando nossos Budistas ocidentais à prática do tantrayana, mas é preciso realizar todas as preparações, todas as práticas preliminares e estudos, de antemão.

O verdadeiro significado do néctar [uma oferta divina para os Budas, normalmente visualizada ou substituída por água de açafrão ou álcool em cerimônias] é o fato de "substâncias sujas serem transformadas em algo que você possa provar como o néctar". Eu não posso fazer isso, mas Napora recebeu algo sujo de Tilopa e isso aconteceu. Portanto, a forma apropriada é tendo uma experiência mais profunda e uma realização. E por isso testar esse exercício é algo bom.

Da mesma forma, com as práticas sexuais. Alguns escândalos sexuais que também acontecem atualmente são muito desastrosos. Um antigo mestre indiano disse a seu aluno, até que você atinja um determinado estágio, você deve permanecer como um monge. Mais tarde disse a ele, mesmo se ele fosse capaz de fazer um fruto de uma árvore cair pelo poder de sua meditação, ainda não seria hora de despojar-se. Somente quando você for capaz também de fazer o mesmo fruto voltar para a árvore, é chegado o momento para tais práticas. A razão pela qual as práticas tântricas funcionam com as energias sutis indo de cima para baixo com os chakras. Na realidade estas práticas sexuais não são relações sexuais, mesmo que pareçam assim. Por isso a prática tântrica é algo perigoso e arriscado. Ela pode ser facilmente mal entendida, por isso é preciso ter cuidado.

GFH: Como você medita?

DL: Normalmente quatro horas pela manhã e uma hora e meia à noite, portanto cinco ou seis horas. A meditação formal, em sua maior parte, é a recitação. Isso é algo como uma revisão ou uma forma de não deixar esquecer-me das práticas. Algumas recitações trata-se de declamar mantras, ou fazer algumas orações ou saudações a Buda; são apenas recitações. O restante são palavras que você declama como uma forma para se lembrar da realização e da meditação analítica. Estas palavras o fazem lembrar das práticas que você precisa fazer, por isso não se trata apenas de recitar mantras e glórias, elas já são em si uma prática. Em seguida, minha prática principal é o exercício do altruísmo, descontinuidade, *bodhicitta* [a aspiração altruísta de ajudar todos os seres a alcançarem a luz] e o vazio. Esses são os pontos principais de minhas práticas.

Muito bem, obrigado!

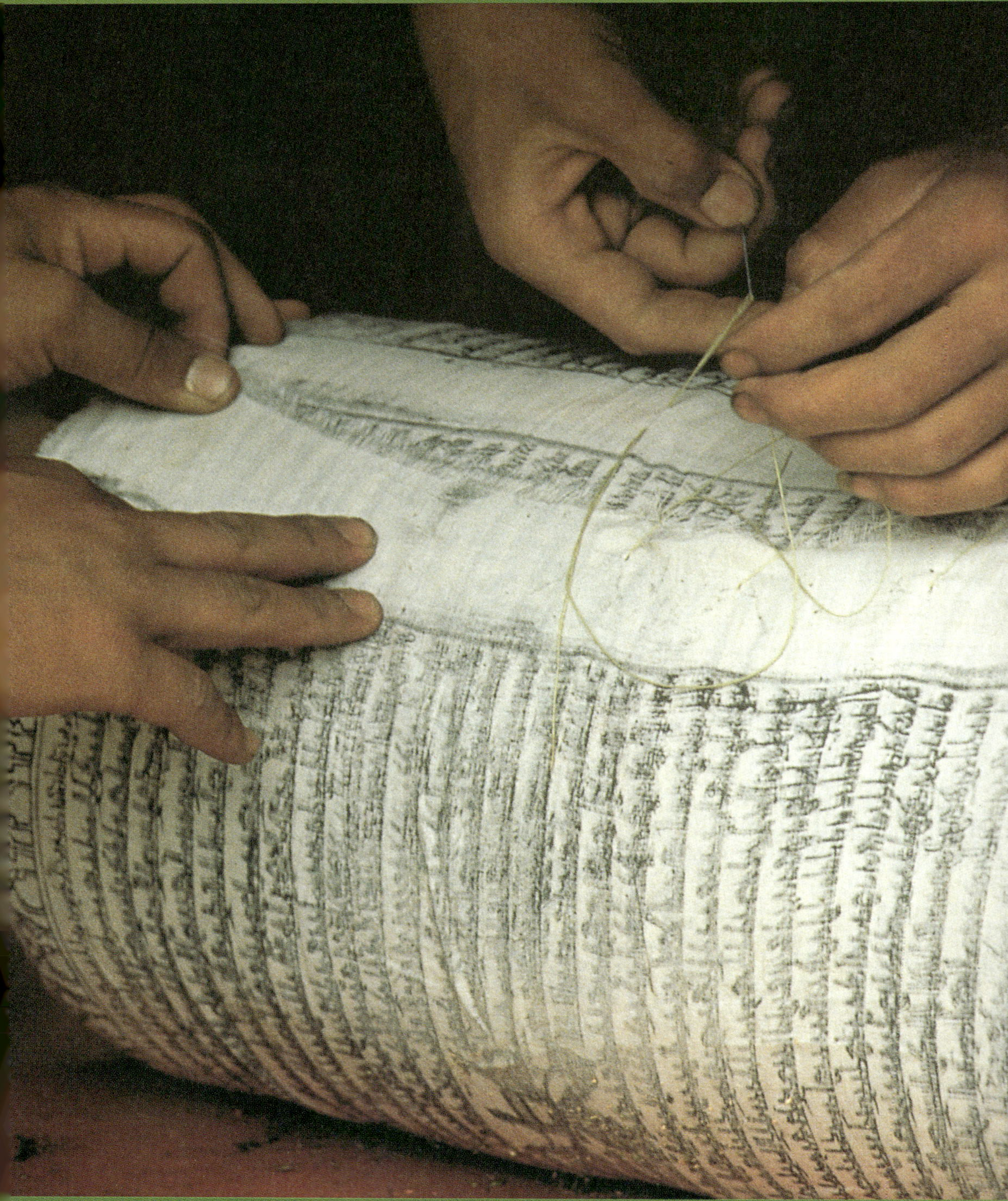

Parte três

O BUDISMO TIBETANO

9

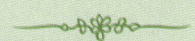

Uma Introdução ao Budismo Tibetano

O Budismo tibetano engloba um dos vários desenvolvimentos dos ensinamentos originais do Buda. Outras escolas surgiram no Sri Lanka, Tailândia e Burma, e ficaram conhecidas como as tradições Theravadan. Os ensinamentos de Buda também viajaram para o Japão, China, Vietnã e Coréia, onde o Budismo Zen floresceu.

Atualmente, o Budismo ainda está viajando, agora para o Oeste, onde, com o tempo, os ensinamentos das escolas existentes irão transformar-se em uma tradição ocidental apropriada. Portanto, para entendermos o Budismo tibetano no contexto mais amplo, precisamos olhar para suas origens; a vida e os ensinamentos de Shakyamuni Buda, o fundador do Budismo.

> *O Budismo é mais do que uma religião asiática.*
> 14º DALAI LAMA

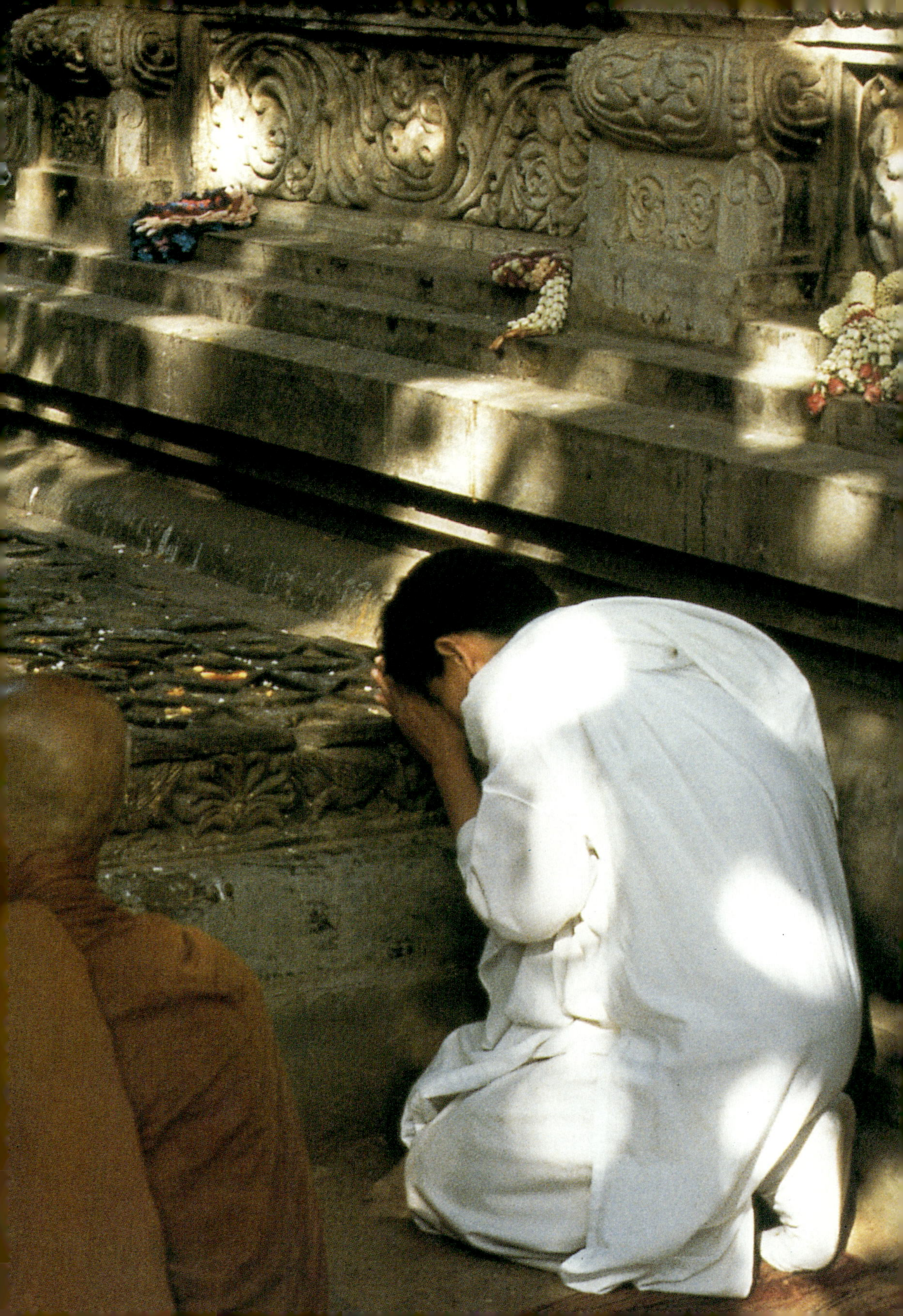

O Príncipe Siddhartha Gautama nasceu cerca de seiscentos anos antes de Jesus Cristo, em um pequeno reinado nas colinas do Himalaia, próximo à fronteira entre a Índia e o Nepal. Seu pai — Rei Shuddhodana, o chefe do clã Shakya — estava feliz por ter tido um filho e herdeiro, e naturalmente presumiu que Siddhartha iria sucedê-lo como rei após sua morte. Entretanto, na festa organizada para celebrar o nascimento de seu filho, um homem sagrado chamado Asita que era renomado por seus poderes em prever coisas, foi chamado para abençoar Siddhartha. Olhando fixamente para o rosto do bebê, Asita imediatamente percebeu que estava olhando para um grande professor religioso e se sentiu profundamente tocado. Shuddhodana ficou preocupado com a óbvia emoção e reverência de Asita e ordenou que ele fizesse seu pronunciamento imediatamente. Percebendo que o rei não iria receber com alegria o fato de que seu filho iria com o tempo renunciar seus direitos de nascença, Asita previu que Siddhartha seria um grande rei ou um líder religioso, esperando que essa ambigüidade pudesse deixar o rei em paz. Shuddhodana não caiu nesta artimanha, e imediatamente baniu Asita de seu reino. Imaginando que as dificuldades da vida seriam as responsáveis por fazer seu filho voltar-se para a religião, ele decidiu criar uma cúpula de prazer dentro dos muros do palácio evitando assim que seu filho jamais saísse de lá.

Siddhartha cresceu cercado por tudo o que era bonito e luxuoso; todas as suas necessidades eram atendidas antes mesmo de existirem. O palácio era um paraíso para seus sentidos, e nada desagradável ou feio era permitido. A única coisa que era negado a ele por seu pai indulgente era olhar para o mundo externo até o final de seus vinte anos. Siddhartha não se sentia excessivamente incomodado com isso. Naquela época, ele finalmente acabou ficando entediado com a luxúria e indulgência sensual, e até mesmo sua bela esposa e filho não lhe serviam de consolo. Por isso seu pai encenou uma arrumação em

A distribuição de ofertas em Bodhgaya, Índia.

Páginas anteriores:
Da esquerda: Orações e mantras sendo costurados em um rolo para ser colocado dentro de uma roda de orações; uma garota nômade tibetana; membros do Instituto Tibetano de Artes Dramáticas.

massa nas vizinhanças imediatas do palácio e então permitiu que Siddhartha fizesse três viagens até a cidade.

Mas nem mesmo o poderoso rei foi capaz de impedir por completo as duras e fundamentais das realidades da vida, e Siddhartha viu um senhor de idade, um doente e um cadáver. Ao questionar seus servos, ele descobriu que todos os seres estavam sujeitos ao nascimento, a doenças, velhice e à morte — até mesmo ele. Essa realidade fez com que ele mergulhasse em um desespero existencial, e ele sentou-se à beira do rio, com as mãos na cabeça, contemplando o sofrimento da existência. Então ele viu um homem sagrado que não possuía nada e vestia somente trapos, ainda assim ele estava radiante de alegria e não parecia incomodado com sua pobreza. "Essa é a resposta para todo este terrível sofrimento", pensou Siddhartha, e decidiu embarcar na vida religiosa.

Naquela noite ele fugiu do palácio, cortou seu cabelo, tirou suas belas roupas e deu início à sua jornada espiritual. Ele procurou todos os homens sagrados da época e passou algum tempo com eles, aprendendo tudo o que podia. Ainda insatisfeito, ele realizava várias meditações, e finalmente foi parar na floresta com alguns companheiros buscadores da verda-

Um monge no Nepal segurando um rosário e uma foto do Dalai Lama

de, praticando o ascetismo extremo. Ainda lutando contra o desejo, e próximo à inanição, ele vagueou até chegar ao rio. Ali encontrou uma garota cuidando de vacas, que ofereceu a ele um prato de leite e arroz. Ele aceitou-os, e conforme a nutrição enchia seu corpo, percebeu que o ascetismo não era a resposta, não mais do que a indulgência sensual tinha sido, e que uma abrangência de meio caminho era a melhor escolha.

Seus amigos desdenhosamente o abandonaram, dizendo que ele tinha desistido, por isso Siddhartha decidiu sentar-se em meditação embaixo de uma árvore até que encontrasse as respostas que estava procurando. Ele entrou em um estado de meditação profunda e viu os demônios do desejo e da ignorância de como as coisas realmente existem e se mostravam diante dele, mas permaneceu

Estátua do Guru Rinpoche no Jokhang, 1994.

A estátua de Jowo Buddha no Jokhang, Lhasa — a estátua mais venerada no Tibete e com a reputação de ter sido abençoada por Shakyamuni Buda.

Estátua de Chenrezig com kata

Thangka pintando Buda e os dezesseis Arhats

imóvel. Conforme a luz da madrugada filtrava-se por entre as folhas, ele viu o mundo com novos olhos, além da ambigüidade do prazer e do sofrimento, vida e morte. Siddhartha tinha ficado iluminado e entrado em um estado de Nirvana.

O COSTUME BUDISTA

O preceito fundamental do Budismo é a interdependência, ou a lei da causa e efeito. Isso simplesmente mostra que tudo o que um ser individual experimenta vem da ação da motivação.

14º Dalai Lama

O Buda, como Siddhartha tinha se tornado, passou o resto de sua vida ensinando e ordenando aqueles que escolhiam uma forma de vida monástica. Ele

Acima: Rodas de oração em Kathmandu, Nepal.

Figura principal: Uma peregrina tibetana olhando fixamente para a Pedra do Buda no Lingkor, a rota circundatória por todo o Lhasa.

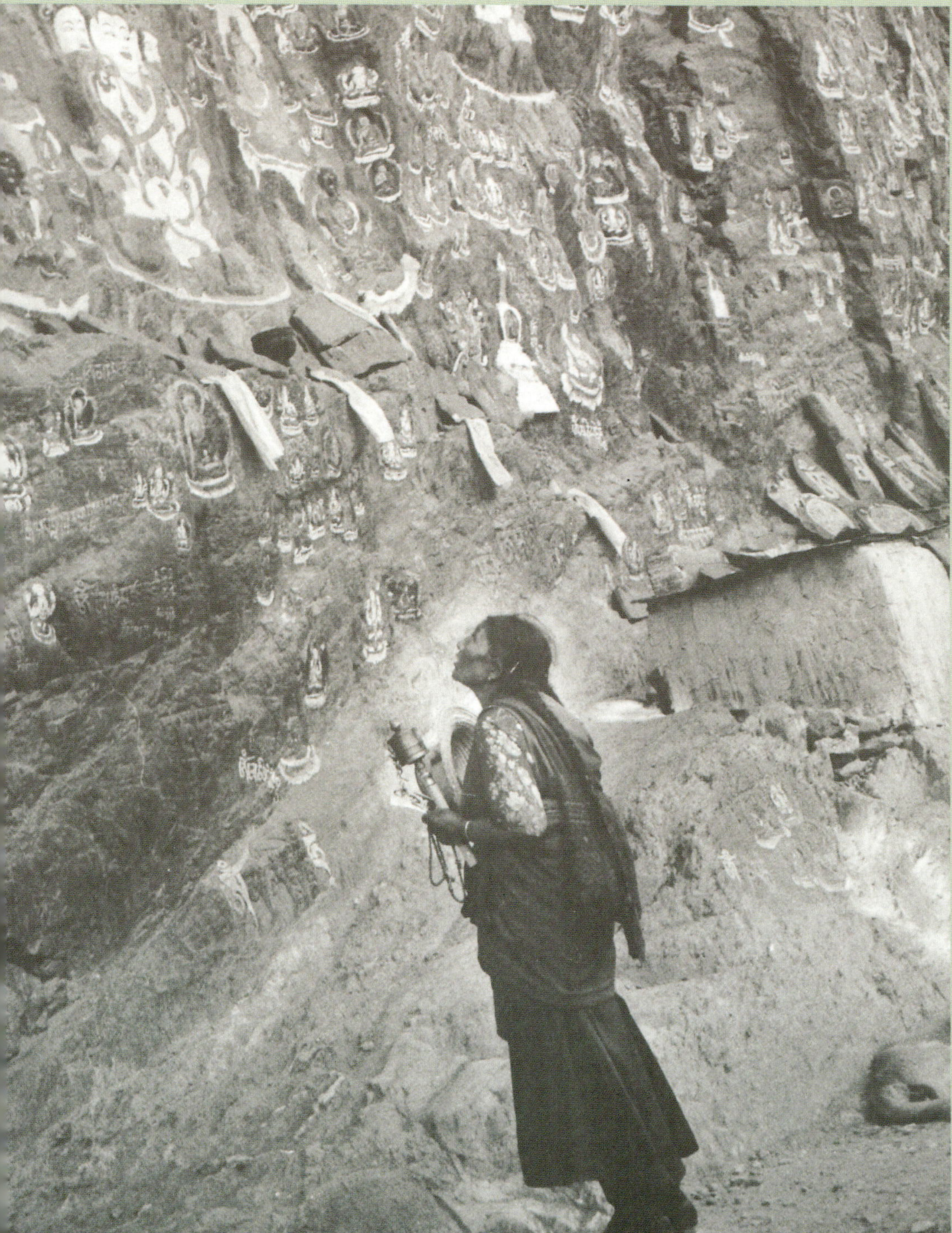

Jamyang Khyentse Chokyi Lodro

Dilgo Khyentse Rinpoche

ensinava somente quando lhe pediam e passou vários meses de cada ano em retiro meditacional. Ele deliberadamente tentou não construir um culto ou uma religião rígida, preferindo ao contrário ser um amigo ou guia espiritual, que ajudava indivíduos a encontrar seu próprio caminho para a luz. Ele também ensinava em todos os níveis para satisfazer as diversas habilidades de seus ouvintes e tinha o dom de apresentar de forma simples as profundas verdades. Essa habilidade está refletida em um dos ditados preferidos do Dalai Lama: "A minha religião é a bondade".

O que realmente significa ser Budista? Esta não é a pergunta mais fácil de ser respondida, particularmente porque "Budista" é uma palavra ocidental recentemente inventada. Os tibetanos, e outros Budistas asiáticos, simplesmente seguem os ensinamentos do Buda. Essa distinção sutil no idioma contém uma mensagem poderosa, que é a de que o Budismo é como vivemos nossas vidas diárias, e que o "Budismo" não é um rótulo conveniente ou uma preocupação intelectual.

Tenha coragem. Esteja ciente e consciente. Lembre-se também de que o Budismo não se baseia em ser "um Budista"; isto é, obter uma identificação. Nem tampouco significa colecionar conhecimento, práticas e técnicas. Ele é principalmente uma questão de libertar-se de todas as formas e conceitos e tornar-se livre.

JOHN SNELLING

Tendo dito isso, existe, naturalmente, uma definição convencional do que significa ser um Budista! Esse é alguém

Monges no Peace Pagoda no Parque Battersea, Londres.

que se refugia nas Três Jóias de Buda, Dharma e Sangha. Refugiar-se envolve a confiança, o compromisso e o encontrar um lugar seguro para onde retornar, quando o mundo e tudo nele parece caótico. Buda é a personalidade histórica, o Shakyamuni Buda, mas os ensinamentos nos dizem que devemos considerar nosso professor como sendo inseparável de Buda, para que Buda possa também ser nosso professor, alguém como o Dalai Lama. Dharma são os ensinamentos do Buda — sejam eles escritos ou falados — suas palavras de sabedoria. E Sangha é a comunidade espiritual. Às vezes Sangha significa a comunidade monástica de monges e freiras, mas também significam nossos amigos espirituais, que

Pedras Mani (gravadas com mantras) e Chortens, Zanskar.

nos apóiam assim como oferecemos apoio a eles.

Talvez o ensinamento mais básico do Buda seja aquele das Quatro Nobres Verdades, visto que ele combina perfeitamente a transformação do Samsara para o Nirvana. O Samsara é geralmente representado de forma pictórica como a roda da vida: doze fases da vida e da morte, seis reinos de existência, e os três venenos da ignorância, do desejo e da aversão que nos mantêm presos neste ciclo. A roda completa é representada como estando presa aos braços do demônio Mara, ou ilusão. O Nirvana é a cessação do nascimento e da morte, escapando da roda da vida alcançando a luz. No entanto, este estado não é separado daquilo que somos hoje, mas quem realmente somos por baixo disso tudo quando puxamos os véus da ilusão de nossos olhos.

A Primeira Nobre Verdade é o reconhecimento de que a natureza da vida não é satisfatória. Nós experimentamos a dor e a morte; coisas, pessoas ou circuns-

Monges jovens usando vestes cerimoniais e segurando tambores

Bandeiras de oração cercando a residência do Dalai Lama.

Um dançarino mascarado.

O DESENVOLVIMENTO DO BUDISMO TIBETANO

Em todas as culturas onde o Budismo é difundido, do Sri Lanka ao Japão, o mesmo fenômeno pode ser observado: em vez de denunciar e identificar os deuses locais, os Budistas simplesmente se convertem à sua própria causa. As pessoas são, portanto, capazes de continuar a fazer uso de seus símbolos religiosos tradicionais, porém dentro do contexto de um sistema muito mais evoluído de valor e significado. O Tibete não é uma exceção a isso.

STEPHEN BATCHELOR

mos que elas se baseiam na confusão e na má percepção.

tâncias que gostaríamos que não acontecessem, e outras coisas que desejamos que nunca viessem até nós; e nós não temos controle real sobre esta mudança incessante. A Segunda Nobre Verdade nos mostra que a causa desta frustração não é inerente na natureza de nosso mundo insatisfatório, mas em nossa reação a ela. Nosso sofrimento é, na verdade, fruto do desejo daquilo que não temos, em vez das coisas em si. O consolo de saber que existe uma saída desse modo imperfeito de vida é a Terceira Nobre Verdade, e a Quarta nos oferece um caminho para alcançarmos essa saída, que é baseada na mudança de nossas atitudes e comportamento ao examinarmos tudo e perceber-

O Budismo chegou no Tibete vindo da Índia no século VII, em sua maior parte por meio dos empenhos de Trisong Detsen, que convidou o grande adepto Padmasambhava, entre outros, a trazer o Dharma para o povo do Tibete. O Budismo subseqüente floresceu, assimilando aspectos da religião nativa do Bon, até a metade do século IX, quando o Rei Langdarma lançou uma campanha antibudista. O Budismo no Tibete entrou em uma era sombria como resultado, mas houve uma renascença no século XI, em sua maior parte devido ao trabalho do grande professor, Atisha, e também do ex-mago negro que se tornou adepto da ioga, Milarepa. A lenda diz que o último sobreviveu por anos meditando isolado em uma caverna se alimentando somente de urtigas, e é freqüentemente representado em pinturas como tendo uma cor verde evidentemente!

O Budismo é freqüentemente categorizado em três veículos: aspectos diferentes do Budismo desenvolvido desde a morte de Buda. O Hinayana foi o primeiro destes a surgir e ainda é a forma praticada nas escolas Theravadan do Sri Lanka, Tailândia e Burma. Com freqüência, e de alguma forma por engano, chamado de o veículo "menos importante", envolve os ensinamentos básicos do histórico Buda. O Mahayana foi uma progressão do Hinayana, incorporando particularmente os desenvolvimentos éticos e filosóficos que ocorreram na Índia. O Vajrayana, ou tantra, pode ser visto como um estágio mais avançado, no qual o simbolismo, a idéia da transformação e o uso das energias sutis do corpo unem-se no que é conhecido como o "caminho rápido". Os outros dois caminhos exigem muitas vidas para

Estátua de Buda com bacias de ofertas e lamparinas, Gyume Gompa, Lhasa, 1994.

se alcançar a luz, ou o Buddhahood, mas o praticante tântrico pode atingir a luz mesmo nesta vida.

O Budismo tibetano incorpora tanto o Mahayana quanto o tantra, e engloba quatro principais escolas, porém, como o Dalai Lama nos mostra, o Mahayana como um desenvolvimento do Hinayana contém os mesmos preceitos e representa o ponto de partida para novos praticantes. Muito trabalho de pesquisa deve ser feito estudando-se os sutras — os textos dos ensinamentos de Buda que foram escritos cerca de quinhentos anos após sua morte — e o aprendizado da meditação básica para o desenvolvimento da claridade da mente e da concentração orientada antes de partir para as práticas tântricas mais avançadas. Como em todo os caminhos rápidos, muito cuidado deve ser tomado, e praticantes despreparados podem invocar distúrbios mentais se não tiverem treinado sua mente o suficiente antes.

Um dos impulsos fundamentais para a prática do Budismo Mahayana é o *bodhicitta*, a as-

Lama Tsong Khapa, pintado na face de uma rocha.

piração altruísta de ajudar todos os seres vivos a alcançarem a luz antes de partirem para o nirvana em si. Essa pessoa é chamada de *bodhisattva*.

> *Eu tento viver minha vida buscando o que eu chamo de ideal* bodhisattva. *De acordo com o pensamento Budista, um* bodhisattva *é alguém no caminho para o Buddhahood que se dedica inteiramente a ajudar todos os outros seres providos de sentimento em direção à liberdade do sofrimento.* Bodhi *significa o entendimento ou sabedoria da natureza máxima da realidade, e um* sattva *é alguém que é motivado pela compaixão universal. O ideal do bodhisattva é portanto a aspiração da prática da compaixão infinita com a sabedoria sem fim.*

O BUDISMO TIBETANO HOJE

Embora o regime chinês no Tibete tenha hoje permitido que o Budismo seja praticado novamente, essa prática é limitada e controlada. Assim, os principais mosteiros na Índia são hoje os lugares onde o coração do Budismo tibetano bate mais forte. Alguns dos grandes sacerdotes do Tibete ainda estão vivos e ensinando nestes lugares, proporcionando uma transmissão autêntica do Budismo

Monges cantando, templo de Jokhang, Lhasa.

tibetano para seus irmãos mais jovens, muitos dos quais nunca visitaram o país com o qual se identificam. Os mosteiros têm sobrevivido bem em suas novas encarnações na Índia, mas a prosperidade da qual desfrutavam no Tibete provavelmente não existe mais.

Visitar o Mosteiro Drepung Loseling em Mundgod é como pisar em um outro mundo, que é diferente tanto do Ocidente quanto da Índia. Grupos de jovens monges impetuosos nos olham de relance assim que entramos no lugar, mas hoje em dia, um rosto ocidental não é algo incomum. Pode acontecer de alguém correr até você trazendo um formulário de patrocínio, um sinal de que o mosteiro não consegue sustentar totalmente todos os seus residentes. O som de vozes altas e mãos batendo palmas guiam você até o pátio, onde o debate do dia sobre a natureza da mente está acontecendo. Mesmo sem entender o idioma, é algo fascinante ficar ali em pé assistindo.

Um sacerdote segurando dados para lançar um Mo, uma forma tradicional de adivinhação.

Um monge se prostra enquanto um outro monge estuda, Bodhgaya, 1973.

Cornetas são tocadas com o volume alto, e de repente todos se apressam em direção ao templo principal para a cerimônia de orações da noite, e você se vê

Um típico altar Budista tibetano, Manali, norte da Índia.

preso em um vigoroso, porém educado, empurra-empurra da multidão. Dentro do templo, badulaques coloridos e brilhantes emolduram as imagens das diversas divindades, algumas personificando a paz da luz, outras em seus aspectos assustadores espantando os demônios da luxúria e do apego. O som peculiar das orações tibetanas sendo cantadas enche o templo, intercalado com o soar de mais cornetas, pratos musicais e trombetas.

Um sacerdote de alto nível ocupa seu assento em um trono em um local elevado, e sorri para todos os monges vestidos com suas túnicas avermelhadas, porém sempre o faz com um ar de autoridade que provoca sentimentos de profundo respeito. Assim que ele inicia sua aula, os monges se aquietam, alguns rabiscando as palavras preciosas de sabedoria em seus cadernos indianos malajambrados. Se você fecha seus olhos, o cheiro de incenso enche seus sentidos, e você imagina que pode estar no Tibete, vivenciando o Budismo tibetano na terra na qual ele se desenvolveu.

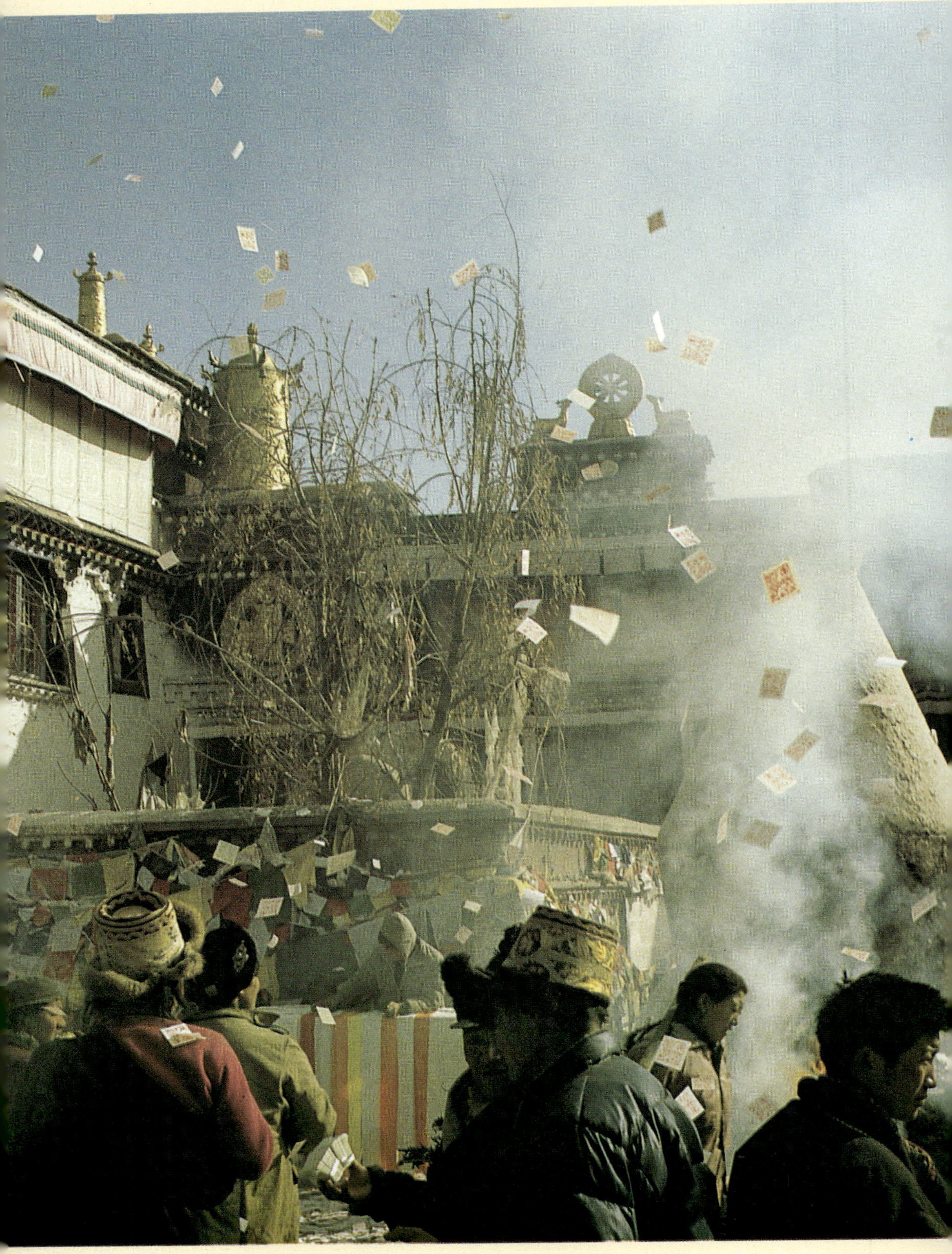

10

As Quatro Principais Escolas do Budismo Tibetano

Sua reclusão no Telhado do Mundo possibilitou aos tibetanos preservarem os Budismos Mahayana e Tântrico da Índia por mais de um milênio e a criarem uma cultura única, rica e espiritual.

JOHN SNELLING

Embora existam quatro principais escolas incorporando várias seções menores na tradição tibetana, todos compartilham de uma teologia básica: a filosofia Budista Mahayana. Como vimos no capítulo anterior, o Mahayana inclui ensinamentos fundamentais do Hinayana, mas desenvolveu-se para incorporar tais idéias como o ideal *bodhisattva*. O Budismo Mahayana não está restrito ao Tibete: o Budismo Zen do Japão e da Coréia, e a tradição chinesa Ch'an — semelhante ao Zen — são também parte do critério Mahayana. Cada escola do Budismo é influenciada e condicionada pela cultura e pela religião nativa do país dentro do qual se

O Dalai Lama e monges usando os chapéus amarelos da divisão Gelukpa.

Página anterior: Cavalos do Vento (orações impressas em papel) e a queima do incenso fora do templo Jokhang em Lhasa.

baseou, e é isso que garante ao Budismo tibetano sua singularidade.

Embora o Budismo indiano tenha diminuído pelos séculos, o primeiro nas-

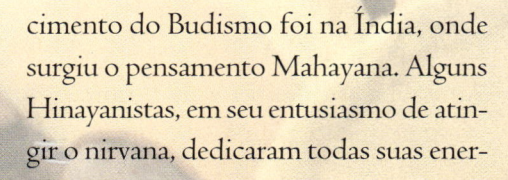

O Dalai Lama com os responsáveis das quatro principais escolas do Budismo tibetano, Índia, anos de 1960.

gias para sua própria libertação e negligenciaram o sofrimento do mundo em que viviam. E foi assim que uma nova tendência se desenvolveu, uma que enfatizava a compaixão, o desejo de que todos os seres não mais sofressem e encontrassem a felicidade.

Eu gostava de compartilhar com meus leitores uma breve oração que me traz uma grande inspiração e determinação:
"Pelo tempo em que existir o espaço,
E enquanto os seres vivos existirem,
Até então eu poderei, também, viver
Para dissipar a infelicidade do mundo".

14º D<small>ALAI</small> L<small>AMA</small>

Essa idéia ainda é central ao Budismo tibetano hoje, e o Dalai Lama é considerado como sendo a incorporação humana de Chenrezig, o Buda da compaixão. Se você visita o Tibete, ou as co-

cimento do Budismo foi na Índia, onde surgiu o pensamento Mahayana. Alguns Hinayanistas, em seu entusiasmo de atingir o nirvana, dedicaram todas suas ener-

Sogyal Rinpoche, um dos primeiros professores dos ocidentais.

munidades tibetanas exiladas, verá o mantra de Chenrezig, "*Om Mani Padme Hum*", gravado ou pintado em pedras pelas estradas e caminhos. Um mantra é o símbolo do som da essência de um ideal espiritual, que também é representado visualmente como uma divindade ou uma mandala. Você também irá se familiarizar com o som sagrado deste mantra, que os tibetanos sussurram por entre sua respiração enquanto vivem seu dia-a-dia, geralmente contando suas recitações com contas de orações.

O desenvolvimento de diferentes escolas do Budismo tibetano é portanto amplamente histórico, e não o resultado de nenhum desvio doutrinário. Todas têm muito em comum, e seus limites são por vozes fluidas. É também com freqüência uma questão de ênfase de um aspecto específico e a adoção de um certo estilo, que determina uma escola. Ainda assim cada escola tem seus principais *bodhisattvas* e adeptos de ioga, dando a ela um aspecto individual, e representa uma tradição autêntica e distinta do Budismo tibetano.

A ESCOLA NYINGMA

A Nyingma é a mais antiga das quatro tradições, e suas origens podem ser traçadas voltando à primeira unificação da tradição Budista no Tibete por volta dos séculos VI e VII. Uma figura lendária deste período, Padmasambhava, tem o crédito de ter introduzido os ensinamentos. O soberano da época, o Rei Trisong Detsen, convidou Padmasambhava e Shantarakshita — um grande filósofo indiano — para fundar um mosteiro e ordenar os primeiros monges tibetanos. Padmasambhava é uma figura parcialmente mítica, que tem sobrevivido na imaginação popular tibetana pela virtude dos contos mágicos que o cercam.

Não nascido no costume da época, Padmasambhava foi chamado de "Aquele que nasceu da Flor de Lotus". Uddiyana, provavelmente localizado no Vale Swat no Paquistão, estava enfrentando uma terrível seca, por isso Buda Amitabha, o Buda da Vida Infinita, espontaneamente manifestou um raio de luz vermelha de sua língua e a projetou até o centro de um lago, fazendo com que uma flor de lotus desabrochasse. Ele então pronunciou a sílaba "HRI", um som sagrado, em um raio de luz vindo de seu coração, que se transformou em um *vajra* dourado, ou um cetro, no centro da flor de lotus. Isso por sua vez transformou-se em um garoto de oito anos de idade, que estava cercado de luz em um arco-íris. Os céus se abriram, a chuva acabou com a seca e assim Padmasambhava veio ao mundo.

Muitos outros contos mágicos e miraculosos são contados sobre a vida de Padmasambhava, por fazerem parte das muitas figuras importantes e históricas do Budismo tibetano. Padmasambhava tam-

O Dalai Lama com Sakya Trizin, responsável pela tradição Sakya, na residência do Dalai Lama em Dharamsala.

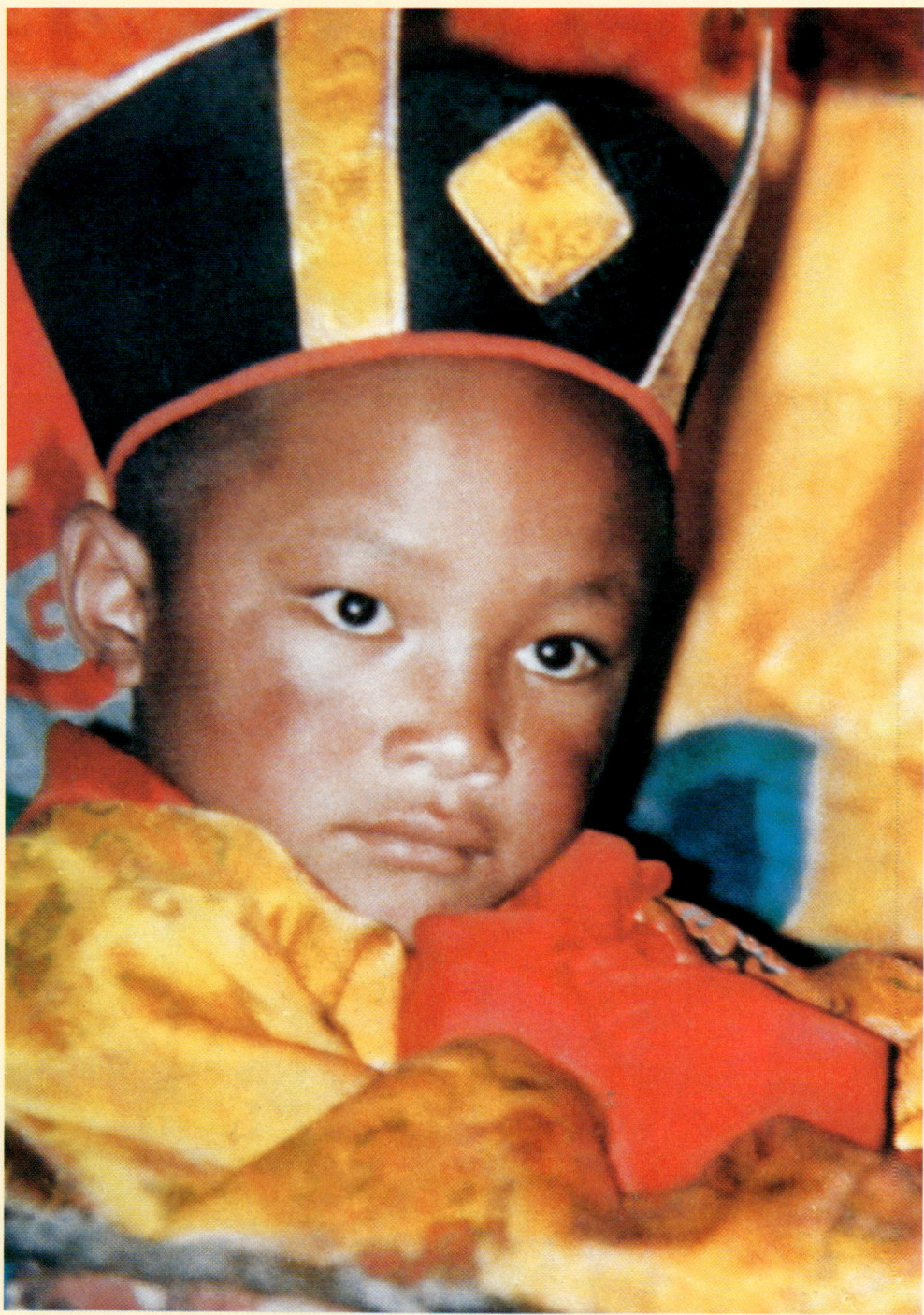

O 17º Karmapa, que foi oficialmente aceito pelo governo chinês.

bém escondeu ensinamentos em pedras e rochas, e até mesmo nas mentes de seus seguidores para serem revelados em um momento mais apropriado. Conhecidos como *termas*, esses ensinamentos são até hoje ocasionalmente descobertos. A tradição Nyingma é mais voltada para essas influências míticas por estar mais condicionada ao Bon (a religião original e animista do Tibete) do que as outras tradições.

Atualmente, a tradição Nyingma tem mostrado muitos professores famosos, alguns dos quais morreram somente recentemente, como Kangyur Rinpo-che, Dudjom Rinpoche e Dilgo Khyentse Rinpoche. As reencarnações desses grandes professores foram identificadas e estão sendo educadas para preencher o lugar de seus predecessores. Desta forma, esses professores garantem a continuidade de suas tradições. Vários centros Nyingma foram abertos na França, e uma das principais práticas realizadas são os retiros de três anos, três meses e três dias, que muitos poucos ocidentais conseguiram finalizar com sucesso.

Talvez o expoente moderno mais conhecido do Nyingma é Sogyal Rinpoche, que vive em Londres mas que possui centros em toda parte do mundo. Ele é o autor do trabalho de sucesso *The Tibetan Book of Living and Dying* (*O Livro Tibetano da Vida e da Morte*), que é um guia útil para aqueles que estão enfrentando doenças em fase terminal. Como um livro popular, ele também levou muitas pessoas a conhecerem os preceitos do Budismo tibetano.

Um outro Sacerdote proeminente, Namkhai Norbu Rinpoche, ensina o Dzogchen, uma doutrina específica da tradição Nyingma. Com sede na Itália, este ex-professor de estudos orientais na Universidade de Naples tem sido a inspiração para que outros formassem comunidades Dzogchen ao redor do mundo. Traduzido como "A Grande Perfeição", o Dzogchen busca uma realização da experiência básica da realidade.

O Dzogchen não se considera o ponto alto de nenhuma hierarquia de níveis, e não se trata de um caminho paulatino... A prática principal do Dzogchen é entrar diretamente em uma contemplação objetiva, e permanecer nela.

NAMKHAI NORBU RINPOCHE

Namkhai Norbu Rinpoche é considerado por alguns como sendo extraordinariamente inovador; entretanto, o espírito de anarquia está em manter a mais antiga das tradições Budistas tibetanas, junto com a propensão à mágica e a ênfase no ritual. Os sacerdotes Nyingma eram geralmente praticantes solitários da ioga, vivendo em cavernas em um retiro isolado, ou eram curandeiros e professores celibatários, e muitos se casaram e têm filhos. Essa tradição também tem algumas professoras muito respeitadas.

A ESCOLA SAKYA

Os Sakyas tiveram seu apogeu há muitos séculos, e embora seja até hoje uma tradição viva do Budismo tibetano, a escola Sakya não é atualmente tão proeminente quanto as outras três escolas. Ainda assim, isso foi uma outra história em 1240, quando o senhor de guerra mongol, Príncipe Godan Khan — neto de Gêngis Khan —, convidou Sakya Pandita para ensinar o Budismo para seu povo.

> *Eu, o Príncipe Godan mais próspero e poderoso, desejo informar*
> *Sakya Pandita, que precisamos de um sacerdote para aconselhar meu povo ignorante em como conduzir-se moralmente e espiritualmente...*
> *Por você ser o único Sacerdote que escolhi, eu não aceitarei nenhuma*
> *desculpa baseada em sua idade ou dificuldades da jornada.*

O pedido foi assim apresentado de uma forma improvável de ser recusada. Sakya Pandita aceitando, embarcou em sua jornada para a Mongólia. Isso deu início ao relacionamento especial "padre-patrono" entre a Mongólia e o Tibete; abrandou as brutalidades mais excessivas do Príncipe Godan e seus capangas; e deu influência política a um monge, unificando assim os poderes religioso e político no Tibete pela primeira vez.

Obviamente, a supremacia de Sakya não se relacionou bem com as outras escolas Budistas no Tibete, principalmente com os Kagyus, que nasceram por volta da mesma época que os Sakyas no século XI, durante a segunda transmissão do Budismo vindo da Índia. A ligação entre o Tibete e a Mongólia fortaleceu-se, entretanto, com a sucessão de Phagpa — o sobrinho de Sakya Pandita — e também de Kublai Khan — o herdeiro das terras de Godan — e isso ocorreu para durar até o século atual, embora os Sakyas tenham sido sucedidos pela nova tradição Geluk no século XIV.

Durante o período de sua supremacia, a escola Sakya teve grande influência espiritual, assim como poder político. Um de seus principais preceitos é o da Visão Tripla, que se baseia em um texto de Sachen Kunga Nyingpo, um dos cinco grandes mestres Sakya que viveram durante o século XI. Espelhando-se no Lam-dre Hevajra Tantra, a Visão Tripla refere-se às três visões do mundo: a de uma pessoa comum; a visão de um praticante que possui compreensão da verdadeira natureza da realidade; e a visão totalmente integrada de um mestre completamente consciente.

Sakya Trizin, que nasceu no Tibete em 1945, é o atual 41º líder espiritual da tradição Sakya, e é reconhecido como a emanação de Manjushri, o princípio iluminado da sabedoria. Sakya Trizin fala um inglês excelente, viaja, e ensina por onde passa, tanto para os tibetanos quanto para as platéias ocidentais. No Reino Unido existe também um grupo de centros Sakya que opera sob a orientação de Ngakpa Jampa Thaye, um professor inglês desta tradição.

Kalu Rinpoche, um proeminente professor contemporâneo Kagyu.

A ESCOLA KAGYU

Kagyu significa "comando transmitido", e os Kagyus, como os Nyingmas, são mais interessados no ritual do que no misticismo do Budismo do que são os Gelukpas mais estudiosos. A tradição Kagyu surgiu no século XI, e seu primeiro expoente líder foi Tilopa. Empregado como professor Budista para um rei, Tilopa sentiu-se incompleto com seu trabalho e, por fim, fugiu, escolhendo viver em solos de cremação, vestindo trapos e mendigando por sua própria comida para estar livre para praticar a meditação. Ele tornou-se renomado como um adepto da ioga altamente realizado, porém, de alguma forma, assustado.

O principal discípulo de Tilopa foi o brilhante estudioso Naropa, que tinha tido uma terrível visão de uma velha idosa encarquilhada que lhe disse que sua compreensão do Budismo era somente das palavras e não do significado, e que ele precisava encontrar o irmão dela, Tilopa, para ser seu professor. Incapaz de encontrar este professor ilusório, Naropa foi levado ao desespero e estava a ponto de sacrificar sua vida quando Tilopa apareceu repentinamente. Ele disse a Naropa que esta era uma lição usando situações de vida como uma forma de ensinar em vez de tentar encontrar algo externo. A lição seguinte não esteve disponível por um ano, porém, Naropa finalmente serviu seu professor de forma consciente.

Em seguida, Tilopa levou Naropa para o cume de um templo e disse a ele que um verdadeiro discípulo pularia. Naropa imediatamente saltou e atingiu

O Sacerdote Thubten Yeshe, um dos mais notáveis professores Gelukpa dos ocidentais, que faleceu em 1984.

o chão sofrendo uma grande dor. Tilopa então o instruiu na prática tântrica mas sujeitou Naropa para mais "lições" anuais. Tais estórias são comuns nos contos Budistas tibetanos e sugerem que todas as aparições são ilusórias e que você precisa trabalhar duro e submeter-se às vezes a transformações dolorosas com o propósito de tornar-se iluminado.

Marpa, um famoso tradutor, foi um instrumento que trouxe os ensinamentos dos Kagyus para o Tibete. Seu discípulo líder foi Milarepa, talvez o "santo" tibetano mais famoso de todos.

Um poderoso adepto da magia negra que havia matado pessoas, sentiu remorso com relação às suas ações e procurou Marpa. Milarepa enfrentou dificuldades terríveis para ganhar os ensinamentos que queria, antes de passar o resto de sua vida em uma caverna remota. Um meditador altamente realizado, ele atraiu muitos discípulos e ensinou a outros quando lhe pediram que o fizesse, mas se recusou a fundar um mosteiro ou formalizar sua doutrina de qualquer modo.

Os Karmapas são as cabeças da escola Kagyu. O atual Karmapa, o 17º, é ainda um garoto, tendo falecido o 16º em 1981. Ele foi reconhecido pelo governo chinês, sendo a primeira vez desde 1959 que um importante sacerdote reencarnado foi formalmente aceito. Ungyen Tinley, com oito anos de idade, foi entronado no mosteiro Tsurphu — o local tradicional dos Karmapas — no Tibete no dia 27 de setembro de 1992.

O primeiro Centro Budista Tibetano na Europa foi fundado por Chogyam Trungpa Rinpoche e Akong Rinpoche nas regiões montanhosas escocesas. Um professor brilhante, que atraiu muitos alunos ocidentais, Chogyan Trungpa Rinpoche também causou controvérsia ao adotar a contra-cultura do sexo livre e das drogas psicodélicas usadas e apreciadas por alguns de seus alunos. Ele renunciou seus votos monásticos, casou-se e foi para os Estados Unidos, onde fundou outros centros. Uma mistura de sucesso e escândalo o cercou até sua morte em 1987, com quarenta e oito anos de idade, com uma doença ligada aos hábitos alcoólicos. Ainda assim seu legado de livros importantes, como *Cutting Through Spiritual Materialism* (*Passando pelo Materialismo Espiritual*), e crescentes centros Budistas testemunham o fato de que, apesar de seus métodos não-ortodoxos, ele teve muito a oferecer, embora aspectos de seu estilo de vida fossem talvez mais apropriados para o Tibete medieval.

Como os Nyingmas, os Kagyus têm prosperado na França, e possivelmente possuem mais centros no Ocidente do que qualquer outra escola. Samye Ling continua a prosperar sob as ordens de Akong Rinpoche. Kalu Rinpoche foi outro proeminente professor contemporâneo Kagyu; ele morreu nos anos de 1980 tendo ensinado em mais de quarenta países e tendo estabelecido cerca de cem centros.

O ensinamento mais importante dos Kagyus é o *Mahamudra*, o "Grande Símbolo", ou "Lacre", pelo qual o meditador tenta alcançar um equilíbrio natural e tranqüilo.

Não importa o quanto confuso podemos estar, existe uma base de experiência que é comum a todos ... um estado de espírito básico que é claro, puro e natural. A realização deste estado de espírito básico é o que é conhecido como Mahamudra.

CHOGYAM TRUNGPA RINPOCHE

A ESCOLA GELUK

Traduzimos *Geluk* como "virtuoso", e esta escola foi criada no século XIV por Je Tsong Khapa, um monge brilhante e devoto que desejava restaurar o Budismo tibetano à sua pureza original. Inevitavelmente, a poderosa combinação de religião e política, junto com o passar dos séculos, causou um declínio em certas áreas monásticas. Je Tsong Khapa reafirmou a importância fundamental de se seguir o *Vinaya*, a lista de regras originais que foram constituídas nos tempos de Buda. Ele também ressaltou a necessidade de se estudar os sutras — os textos sagrados — como um pré-requisito para a prática mais avançada do tantra.

Totalmente versados nos ensinamentos das três escolas existentes, Je Tsong Khapa refinou sua essência e criou uma síntese, resultando na formação da nova tradição Geluk. Ele construiu muitos

Sacerdote Osel nos degraus do Peace Pagoda, Londres.

biram. Um brilhante debatedor, ele também corrigiu algumas das falhas doutrinárias que tinham surgido. Embora ele não seja tão espetaculoso e selvagem quanto alguns dos demais grandes "santos" tibetanos, Je Tsong Khapa é igualmente reverenciado por sua contribuição ao Budismo tibetano.

Ele escreveu o preceito fundamental dos Gelukpas, o *Lam Rim Chenmo* — que significa a "Grande Exposição do Caminho Graduado" — que é popularmente conhecido como a "Metade do Caminho". Isso inclui todas as práticas preliminares do Budismo, como desenvolver a fé com a ajuda de um professor — devoção ao guru — meditações sobre as coisas não-permanentes, e a preciosidade de se viver um renascimento humano — que são consideravelmente mais comuns do que o excepcional reino humano, e se parecem com as visões assustadoras de Hieronymus

mosteiros, incluindo Ganden, e também instigou o Monlam, um festival de orações anual em Lhasa, que sobreviveu até recentemente quando os chineses o proi-

Bosch — lembram o praticante de continuar sua busca pela luz.

Essa é a escola mais erudita das quatro, e um programa de estudos sistemático que conduzia a um grau Geshe é assumido por aqueles monges que possuem habilidade intelectual. Programas de estudo menos academicamente rigorosos existem para os menos dotados e para os leigos que são incapazes de dedicar vinte anos de suas vidas para o estudo e para a prática religiosa.

O atual responsável dos Gelukpas é Ganden Tri Rinpoche que é democraticamente eleito a cada sete anos. Alguns ocidentais têm um interesse particular nesta escola, com poucos deles comprometendo-se com o árduo programa Geshe, embora isso seja, em sua forma tradicional, de grande importância para os ocidentais.

Além do Dalai Lama — cujos principais ensinamentos são Gelukpas — os mais notáveis professores Gelukpas dos ocidentais incluem o Sacerdote Thubten Yeshe, que morreu em 1984, e o Sacerdote Zopa, que está até hoje ensinando. Apelidado de o sacerdote (ocidental) "Inji", Thubten Yeshe, com sua aparente compreensão das preocupações ocidentais e seu estilo maravilhoso, quase espetaculoso, atraiu muitos alunos. O Sacerdote Zopa, um professor calmo e muito religioso, que é famoso por suas muito longas sessões de ensinamentos, era um perfeito companheiro de trabalho, e eles, com freqüência, ensinavam juntos até que o Sacerdote Thubten Yeshe morreu. O Sacerdote Yeshe reencarnou como um garoto espanhol que hoje é chamado de Sacerdote Osel, o filho de dois de seus alunos, e é o primeiro sacerdote Budista a reencarnar como um ocidental.

Por estar vendo cada vez mais ocidentais, eu percebi que eles eram intelectualmente avançados. Eles entendiam com facilidade a doutrina do Buda. O que eles não tinham, no entanto, era uma experiência dos ensinamentos que só podiam conseguir através da meditação.

SACERDOTE THUBTEN YESHE

Uma ramificação da escola Gelukpa foi recentemente formada sob a liderança de Geshe Kelsang Gyatso, que a chamou de a Nova Tradição Kadampa. Uma certa controvérsia surgiu por causa de uma divergência entre o Dalai Lama e Geshe Kelsang Gyatso com relação à última promoção de uma prática de divindade protetora chamada Dorje Shugden. O Dalai Lama sente que esta é uma prática partidária e não relevante aos tempos modernos, enquanto que Geshe Kelsang Gyatso acredita que ela seja importante, por isso ainda é praticada pelos Novos Kadampas.

A Meditação Budista Tibetana

Como um monge Budista e professor, o Dalai Lama tem ministrado centenas de palestras e discursos sobre os preceitos e a meditação Budista tibetana. O conselho a seguir sobre o por quê e como praticar a meditação foi editado a partir de várias doutrinas.

Eu sempre acredito que o propósito de nossa vida é a felicidade. Existem dois tipos, conforto físico e paz mental, e, destes dois, o último é superior. O que explica isso é que, se nosso estado mental estiver bom, mesmo que hajam alguns problemas físicos, eles podem ser amenizados, mas se a mente estiver cansada e incomodada, então, mesmo se a pessoa tiver as melhores facilidades materiais, ele ou ela não conseguirá ser feliz.

Assim sabemos que a experiência mental é mais importante do que a experiência física e é dela que precisamos para descobrir como treinar nossa mente. Os seres humanos são geralmente muito espertos, não como outros animais, e com o passar dos séculos temos desenvolvido certas técnicas para treinarmos nossas mentes. Elas são chamadas de meditação. Existem dois tipos: a meditação analítica, que usa principalmente a razão; e a orientada, na qual a mente permanece centrada apenas em uma coisa. Em ambos os casos, o propósito principal é ganhar algum controle sobre nossa mente.

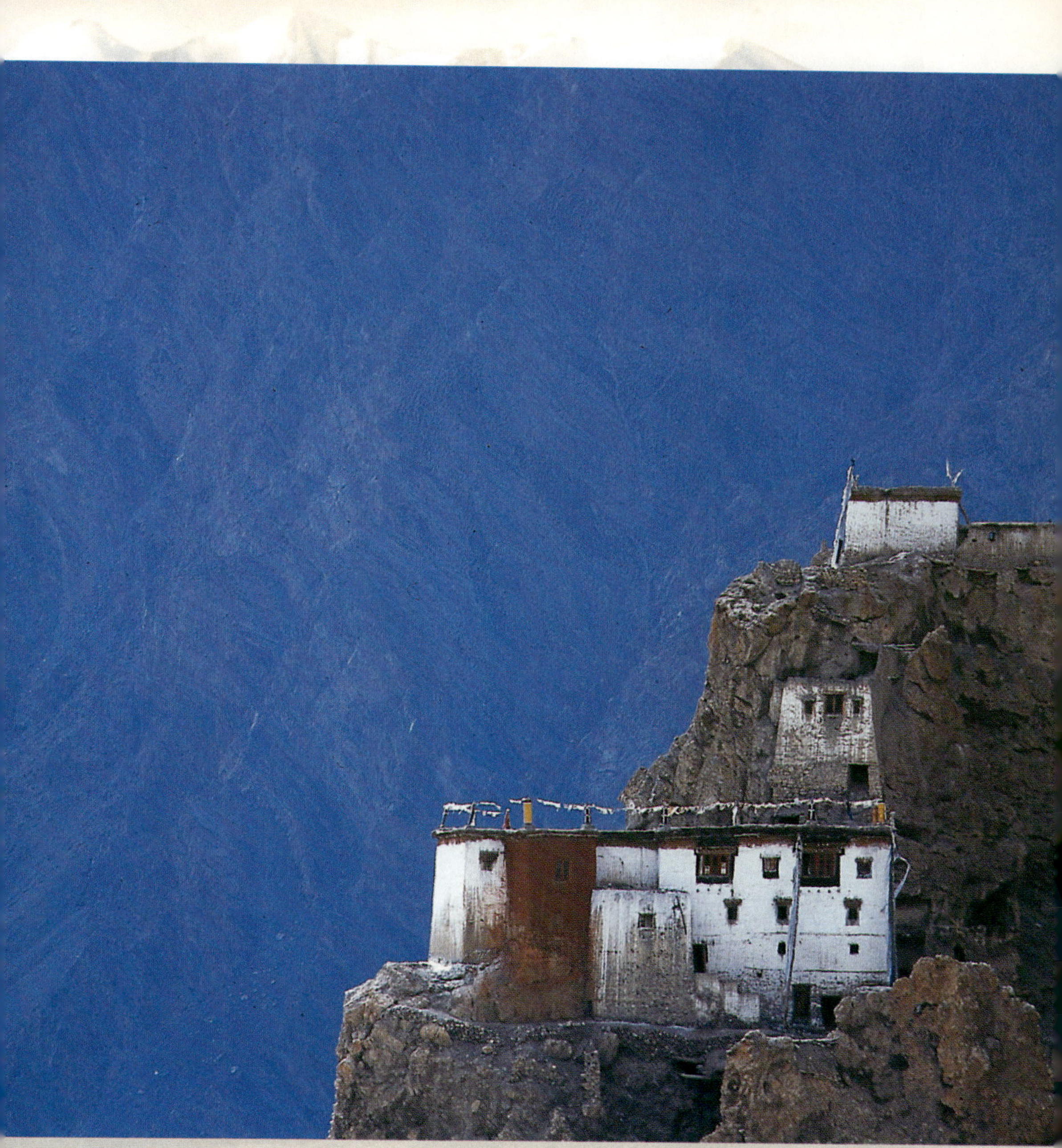

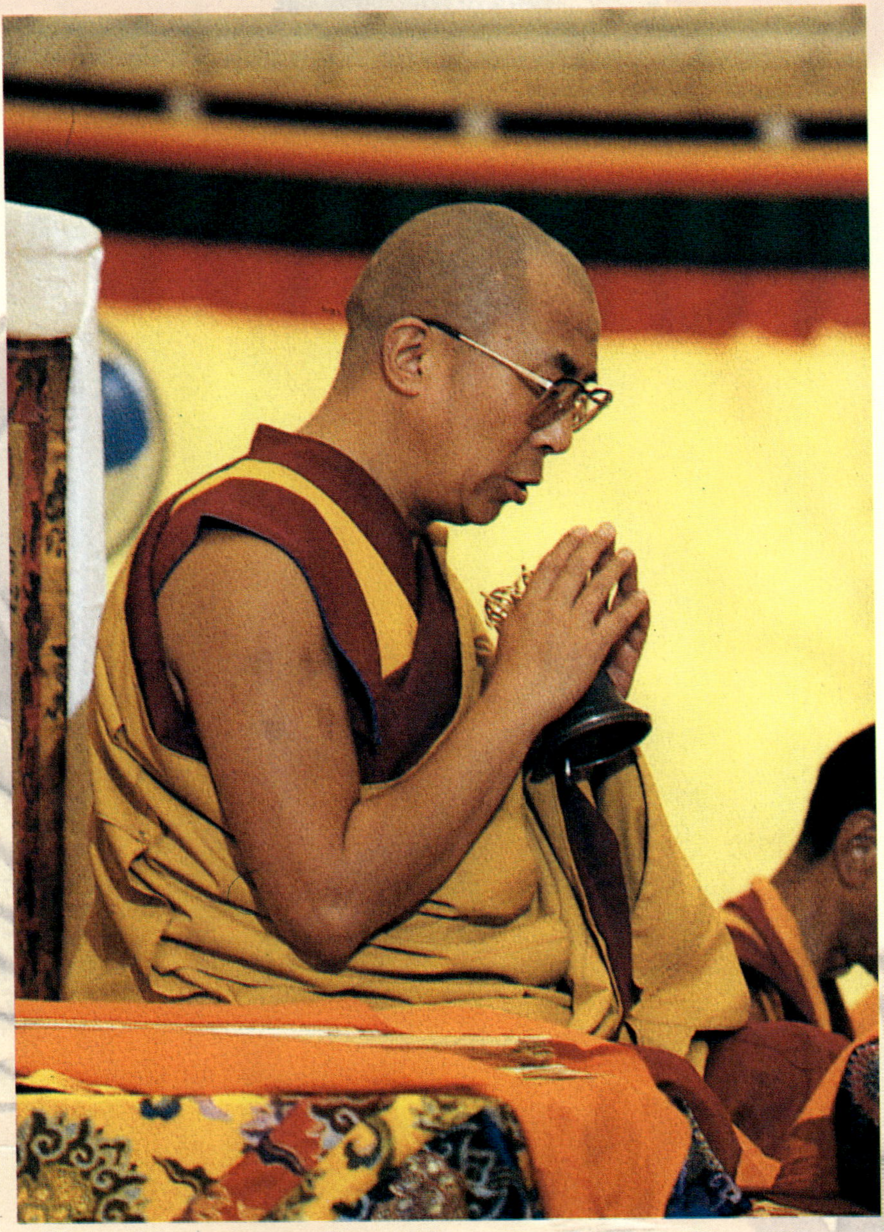

A atitude mental é muito importante em nossa vida diária. Se, quando acordamos pela manhã, nossa mente sente-se feliz e renovada, então, por estar nosso humor mental matutino positivo, pelo resto do dia alguma influência boa irá permanecer, e até mesmo se encararmos alguns problemas, será mais fácil lidar com eles. Porém, se nossa mente estiver infeliz ou se tivermos tido algum pesadelo, qualquer pequeno problema poderá facilmente nos incomodar.

Nós não podemos comprar a felicidade em um supermercado, como muitas das coisas materiais que queremos. Muitos dos problemas de hoje se dão ao fato de não percebermos a importância de valores humanos básicos e não cuidarmos apropriadamente de nossa mente; [isso é porque existe] tempo demais gasto em supermercados! Portanto, a meditação é um instrumento muito importante para modelar ou transformar nossa mente.

De acordo com minha pouca experiência como um simples monge Budista, eu descubro por meio de minha meditação que, conforme envelheço, mesmo se problemas tornam-se mais graves e a responsabilidade mais delicada, minha mente fica mais calma. E eu espero que isso não seja resultado da simples fraqueza do corpo! Mas sim através da meditação, eu sinto minha mente mais calma. Portanto, os problemas devem ser superados, certamente, mas ao mesmo tempo não muita coisa atrapalha minha paz de espírito. Isso com certeza é causado pela meditação.

Com os seres humanos, o conflito sempre irá existir. Dentro de uma pessoa, a idéia que aparece pela manhã pode estar em conflito com a idéia que vem à noite. Por isso até mesmo para pessoas não-religiosas a meditação é importante; basta treinarmos a mente. Por causa da inteligência humana e da consciência quanto à discriminação, a meditação analítica é mais eficaz. Esta é uma qualidade muito saudável, esta atitude céptica, tentando encontrar razões, vivenciando, e ganhando alguma experiência. Tanto no Budismo quanto na Ciência, o uso da razão é essencial.

Com a meditação orientada sofremos menos perturbação em nossa mente, mas a longo prazo não vemos muito efeito; nós não necessariamente conseguimos uma convicção firme de que isso é algo bom. Mas se usarmos os dois métodos juntos, tornamos essa prática poderosa; se você trouxer a consciência orientada para uma situação que está analisando, isso torna-se mais profundo e mais vigoroso. Assim, é preciso adquirirmos alguma experiência da meditação orientada.

É muito melhor meditar no início da manhã em um lugar calmo. Isso se dá pelo fato de nós treinarmos a mente com a própria mente; nós não usamos meios externos. Assim, nossa mente deve estar limpa e alerta para utilizarmos nosso melhor estado mental. Ao anoitecer, estamos cansados e não conseguimos usar nossa faculdade mental de forma adequada.

Para os iniciantes, é preciso primeiro tentar conseguir o que se precisa no mundo externo. Nossa mente está em nosso corpo e deve permanecer aí, mas nossa mente tem uma tendência de sempre olhar para fora, criticar e interferir com outras coisas, não se incomodando com ela mesma. A partir daí damos a ela uma nova instrução e checamos nossa mente por dentro. Às vezes, se iniciarmos a prática fechando nossos olhos, isso poderá ajudar, porém, a melhor forma é se nossos olhos estiverem abertos mas não se importando com o que vêem.

Assim nós eliminamos nossos sentidos da visão e do ouvido também. Nós podemos decidir então não nos distrairmos com nossos sentidos e com objetos exteriores. Ou se isso não for possível, nos certificamos de que nossa mente principal não os segue. Também não devemos nos deixar levar por coisas do passado ou fantasiarmos com o futuro, mas permanecermos no momento presente.

Nós podemos tentar vivenciar alguns momentos de desatenção total, algum tipo de sentimento de vazio como o oceano profundo; ondas na superfície vêm e vão da mesma forma que nossos pensamentos nascem e morrem, mas nós não precisamos segui-los. Isso não é fácil, mas vale a pena perseverar. Ou se isso for difícil demais, podemos começar simplesmente fechando nossos olhos e termos um descanso absoluto. Isso não significa muito a longo prazo, mas traz uma certa paz interior.

Deixe a mente fluir em seu próprio ritmo sem uma cobertura conceitual. Deixe sua mente descansar em seu estado natural e observe-a. No início, quando você não está acostumado com esta prática, ela é bastante difícil, mas com o tempo a mente começa a parecer como a água límpida. Em seguida, deixe sua mente limpa, sem permitir que conceitos se formem. Quando alcançamos essa natureza da mente, podemos praticar a meditação analítica.

É aconselhável não exercer essa prática por tempo demais no início para não se cansar. Você deve tentar meditar por cerca de quinze minutos, não mais que isso. O que importa é a qualidade da meditação e não o quão longa é a sessão. Se você medita por tempo demais, começa a sentir-se sonolento, sua mente fica inativa; então sua meditação irá se acostumar a este estado. Isso não é apenas uma perda de tempo, mas é também um hábito difícil de ser eliminado no futuro.

Um sinal de que sua estabilidade meditativa está progredindo bem é que embora sua sessão de meditação possa ser longa, você se sentirá como se apenas um curto espaço de tempo tenha passado. Se parecer que você passou um tempo longo em meditação, embora tenha passado somente alguns minutos, isso é um sinal de que deve diminuir o tempo da sessão. Isso pode ser muito importante no início.

11

Uma Introdução ao Vajrayana

Seria errado negarmos que algumas práticas tântricas verdadeiramente causam fenômenos misteriosos... Por meio do treinamento mental desenvolvemos técnicas para fazermos coisas que a Ciência não é capaz de explicar adequadamente.

14º DALAI LAMA

O Vajrayana, ou tantra, é às vezes chamado de "o terceiro giro da roda do Dharma". O primeiro giro refere-se aos ensinamentos de Buda e como eles foram inicialmente interpretados — o Budismo Hinayana. O segundo refere-se ao influxo de nova energia no Budismo causado pelo Mahayana. O Vajrayana foi também uma nova tendência no Budismo, mas foi informado e influenciado pelos an-

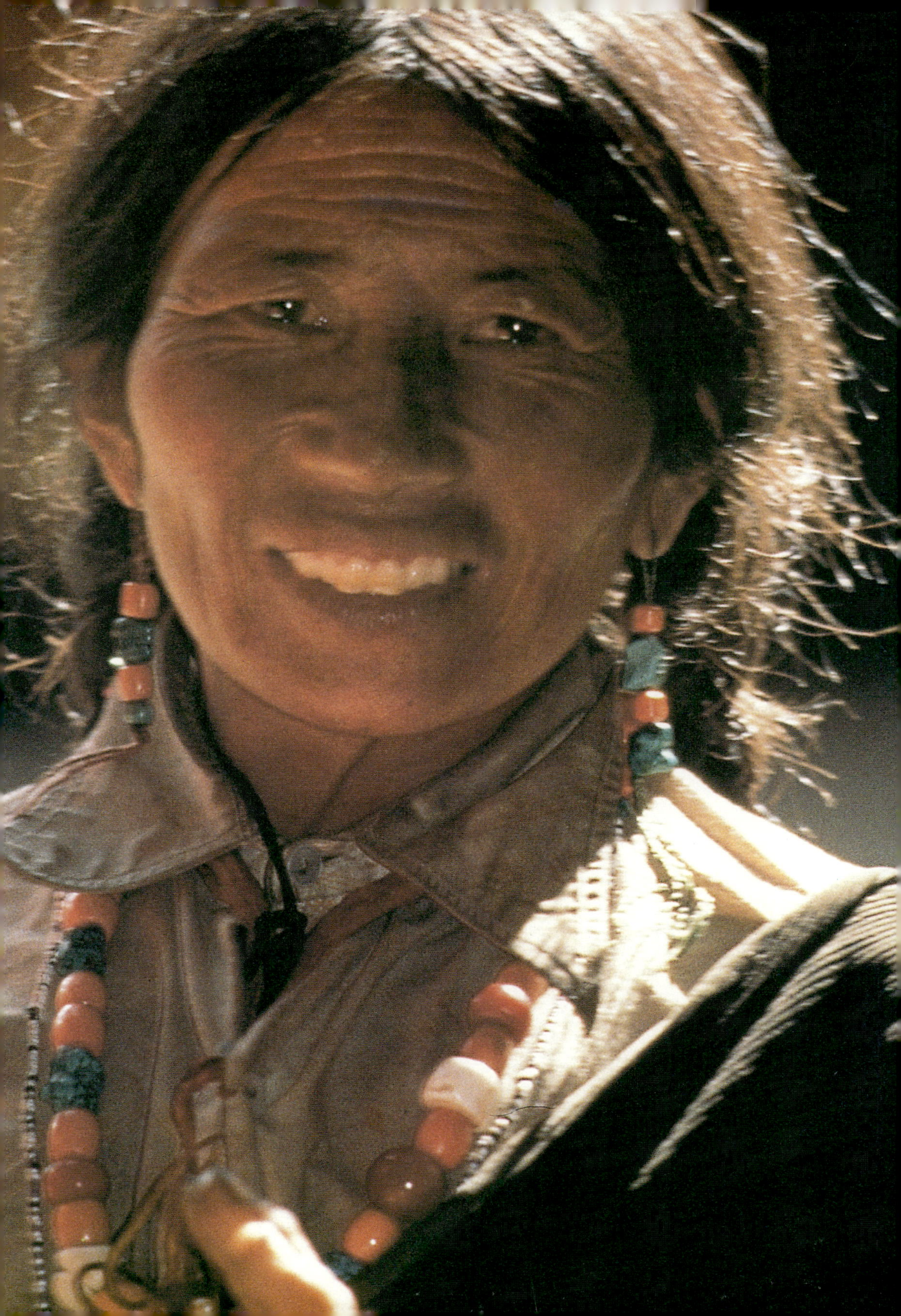

Monges carregando tormas *(ofertas moldadas em manteiga e cevada)* e um queimador de incenso.

Página anterior: Uma peregrina girando uma roda de oração de mão.

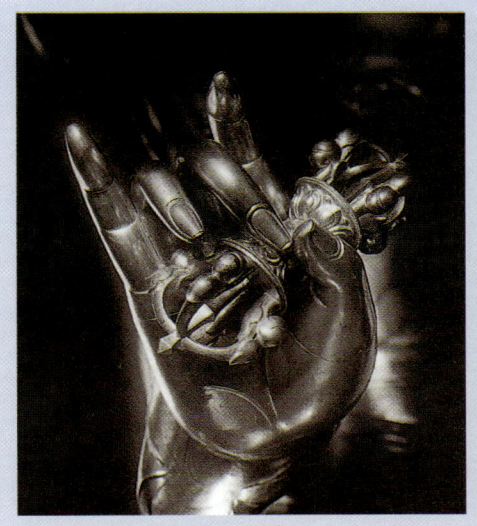

A mão de Padmasambhava segurando um dorje

tigos tantras indianos hindus. Quando o Vajrayana surgiu, o Budismo na Índia estava em declínio, e aconteceram algumas discussões sobre se isso era atribuído ao advento do tantra, que foi visto por alguns como uma degeneração do Budismo. Entretanto, a introdução do Vajrayana no Tibete inspirou profundamente e enriqueceu todas as escolas do Budismo tibetano.

De fato, o Tibete foi onde o termo *Vajrayana* foi inventado, conseguindo seu nome do símbolo tibetano de um *dorje* ou *vajra*, que significa *thunderbolt* (raio/símbolo do caráter indestrutível do vazio, a verdadeira natureza de todas as coisas), que é um dos objetos sagrados usados nos rituais do tantra. Existem afirmações míticas de que Buddha Shakyamuni também ensinou o tantra, porém, por causa de sua natureza esotérica e poderosa, limitou sua audiência ampla-

mente para os *bodhisattvas*, aqueles que já estavam firmemente estabelecidos no caminho do Buda. Isso levanta uma consideração importante: a prática do Vajrayana não é para os iniciantes da meditação Budista. Uma pessoa que deseja praticar o Vajrayana precisa ser bem treinada nos princípios básicos do Budismo, como a moralidade e a compaixão; ter alcançado algum entendimento do *sunyata*, a filosofia de que todos os fenômenos, incluindo ele mesmo, são vazios de existência inerente; e possuir uma mente treinada por intermédio da meditação.

Após alcançar este estágio, o praticante precisa então ter desenvolvido uma relação íntima com um sacerdote ou um guru que pode iniciar pela primeira vez o aluno em uma prática tântrica específica e então ser um guia espiritual. Como já aprendemos, alguns professores parecem se comportar de forma extravagante, e talvez não de forma devota e sagrada o que seria de se esperar, como Tilopa pedindo a Naropa para pular de um telhado. Entretanto, o ensinamento tântrico mostra claramente que o aluno deve confiar em seu professor, não o vendo como diferente de Buda. Este parece ser um dilema complicado, porém os preceitos também dizem que os alunos devem escolher um professor com o tempo, examinar e estar convencido das suas qualidades antes de assumir um compromisso com ele.

Thangka da Tara Verde cercada por todas as outras manifestações de Tara, conhecidas como as vinte e uma Taras.

Por que esses professores agem desta forma? Existe uma tradição entre os tibetanos de que alguns professores que tornaram-se iluminados não são guiados pela moralidade convencional e praticam o que é às vezes chamado de "louca sabedoria".

No Budismo tântrico, o aluno deve entregar-se totalmente ao professor e seguir seus conselhos sem hesitar. Não importa o quão informal seja o comportamento do sacerdote, o aluno deve considerá-lo como a atividade iluminada de um Buda. Conseqüentemente, um discípulo não iria julgar o alcoolismo e a libertinagem sexual de Chogyam Trungpa pelos padrões de simples mortais, pela qual ele teria sido ensinado a considerá-los com uma demonstração de uma realização transcendente e mahasiddha [um grande adepto da ioga].

STEPHEN BATCHELOR

O Dalai Lama tem enfatizado que os alunos devem escolher seus professores com muito cuidado e depois de muitos anos. Praticar o tantra exige um compromisso com uma prática meditacional diária, assim como a orientação de um mestre, por isso podemos ver que seu conselho, de não nos apressarmos nesta prática, é cheio de sabedoria.

Praticante tântrico realizando as mudras com um vajra e um sino

DIVINDADES TÂNTRICAS

O objetivo da prática tântrica é transformar o corpo de alguém, sua fala e sua mente deixando-os voltados para os de um Buda completamente iluminado por meios especiais da ioga.

JOHN SNELLING

Contudo, praticar o Vajrayana é apenas um caminho válido e autêntico quanto qualquer outra escola de meditação Budista. Buda ensinou em uma variedade de diferentes níveis para atender as diversas disposições de pessoas. A partir deste exemplo podemos ver que o Vajrayana é um caminho para a luz que serve para alguns, mas não para todos os aspirantes. É uma boa idéia pedir conselhos a um professor Budista que você conheça para ajudá-lo a decidir se deve ou não entrar nesta prática, caso você tenha a tendência para ela. Mas para aqueles que se identificam com a prática, o Vajrayana abre as portas para um reino mágico e metafísico que é rico em seus rituais e simbolismos.

Uma outra descrição do Vajrayana é "a prática da divindade". O Budismo tibetano é rico em divindades, alguns dos quais personificam a paz e a tranqüilidade da luz, como mostrado por seus sorrisos serenos e misteriosos. Tara, um Buda do sexo feminino, é popular e conhecido, tanto como *Green Tara* (Tara Verde), com um pé esticado pronto para saltar e ajudar alguém em sua busca espiritual, ou como *White Tara* (Tara Branca), cujo comportamento de paz simboliza vida longa. Tais divindades do bem são provavelmente mais fáceis de se entender e de se identificar do que aqueles que parecem demônios enfurecidos e violentos banhados no fogo no inferno. Conhecidos como divindades cheias de ira, eles são, entretanto, parte de uma realidade absolutamente integrada.

Meu primeiro encontro com um anfitrião das divindades enfurecidas foi em Kalimpong, próximo à fronteira entre a Índia e Bhutan. Enquanto eu subia uma colina grande e íngreme, um mosteiro

Instrumentos tântricos e gestos com as mãos são uma parte integral do Vajrayana

surgiu à minha frente em meio à névoa. De alguma forma intimidado antes mesmo de eu ter entrado, quando abri a porta, me vi em um templo coberto do piso ao teto com pinturas de parede mostrando cenas de vários reinos do inferno, assim como todos os protetores e divindades cruéis imagináveis. Caminhei pelo santuário lançando olhares ocasionais por cima de meus ombros para garantir que nada me atacaria pelas costas!

Ainda assim, algo permaneceu comigo desde esta experiência. Pouco tempo depois, fui para Dharamsala, onde encontrei o Budismo tibetano de forma adequada e comecei a praticar a meditação e a recitação tântricas. Em meu retorno à Inglaterra, fui a um centro Budista tibetano, e, muitos anos depois, meu professor me incentivou a ser iniciado por um grande sacerdote que estava em uma visita única e rara no Ocidente. Devidamente segui seus conselhos e, durante a cerimônia de iniciação, tive uma lembrança do passado repentina voltando para Kalimpong e vendo o rosto enfurecido da mesma divindade olhando fixamente para mim.

Portanto, como essas manifestações assustadoras se encaixam em uma religião que prega a paz interior? Essa é uma confusão inicial comum até você informar-se mais detalhadamente sobre o Vajrayana. Você irá descobrir um sistema de maturidade psicológica mágico e filosófico de que dentro de cada gesto de uma divindade existe algo profundo, e que todos os rituais implementados possuem um sentido especial. O Budismo engloba a idéia de que o praticante deve usar tudo o que ele ou ela encontra no caminho para a luz.

Isso inclui todas as nossas emoções e estados psicológicos, inclusive aqueles que nós normalmente designamos como sendo negativos. O Vajrayana não reprime estes sentimentos nem finge que eles não existem; a prática funciona ao usarmos nossa energia bruta, impedindo assim que os julgamentos de valores que surgem quando essas emoções são expressadas sejam usados de forma habilidosa. A essência do Vajrayana é a transformação, e a força por trás do ódio, da raiva e outras coisas desse tipo sendo utilizadas ao transformarmos tudo isso em um estado iluminado. Com isso, as divindades cheias de ira são as personificações desses estados de espírito arquétipos, e suas descrições vívidas são simbólicas da energia que os informa.

Estados de realização espiritual são ilustrados não por descrições psicológicas, mas por vibrantes deuses personalizados. Ao invocar essas figuras simbólicas, o praticante do Vajrayana entra em um relacionamento de vida e de identificação com a luz personificada pela "divindade" com quem ele ou ela tem a melhor afinidade.

STEPHEN BATCHELOR

A PRÁTICA TÂNTRICA

O tantra inclui o ritual, a recitação do mantra e a visualização, assim como a meditação orientada. Se você for considerado adequado e preparado por seu professor, então passa pela iniciação por um sacerdote importante de forma apropriada. A iniciação envolve uma transmissão oral do professor para o aluno, e o professor pode delinear sua transmissão oral em uma linhagem ininterrupta que volta para os primeiros grandes mestres tântricos do Tibete. A cerimônia de iniciação pode demorar muitas horas, ou até mesmo dias, em que o praticante presta e assume seus votos de moralidade e quase sempre exige um compromisso em recitar diariamente o mantra daquela divindade em particular. Em alguns casos, a recitação de uma escritura — chamada de um *sadhana* — e a realização da visualização ali contida, é a exigência.

Acredita-se que uma divindade reside no centro de uma mandala, que age como uma casa espiritual. As mandalas são pictoricamente representadas como círculos dentro de quadrados dentro de círculos, as formas geométricas coloridas em tonalidades detalhadas que contêm divindades e protetores menores. A meditação em uma mandala, em si, ajuda a transformar nosso nível de conscientização, visto que ela simboliza a transformação da experiência que é causada pela luz. Durante a meditação em uma mandala, você é conduzido até ela, e ela se torna uma esfera tridimensional.

A divindade — conhecida como um *yidam*, ou divindade pessoal, assim que você é iniciado — tem um mantra, que são sons sagrados representando o discurso iluminado de um Buda. Mais uma vez, uma recitação coerente de um mantra pode ajudar na transformação da consciência. O *sadhana* da divindade contém o mantra principal, bem como instruções sobre como construir uma imagem visual da divindade. Assim a meditação, a recitação do mantra e o ritual são realizados enquanto o praticante está se vendo como a divindade, junto com as qualidades iluminadas que a divindade representa.

O propósito da prática tântrica é a familiarização; a palavra "tantra" na verdade significa "continuidade", e ao manter-se uma prática diária, você pode gradativamente provocar a transformação de sua própria, e ainda não iluminada, consciência. No entanto, isso de fato exige anos de prática dedicada para se alcançá-la.

> *Existem dois estágios envolvidos neste processo de transformação. Primeiro, é necessário que a pessoa se livre das idéias convencionais e das percepções de quem essa pessoa é, e do que se trata a realidade ... A prática inicial do Vajrayana requer a sistemática familiarização de si mesmo com esta visão transformada até que ela possa ser mantida pela meditação sem nenhuma distração por várias horas.*
>
> STEPHEN BATCHELOR

O primeiro estágio ao qual Batchelor se refere é chamado de a fase da geração. O segundo é chamado de a

Um monge criando uma mandala de areia

Puja *de fogo (cerimônia) em Dharamsala*

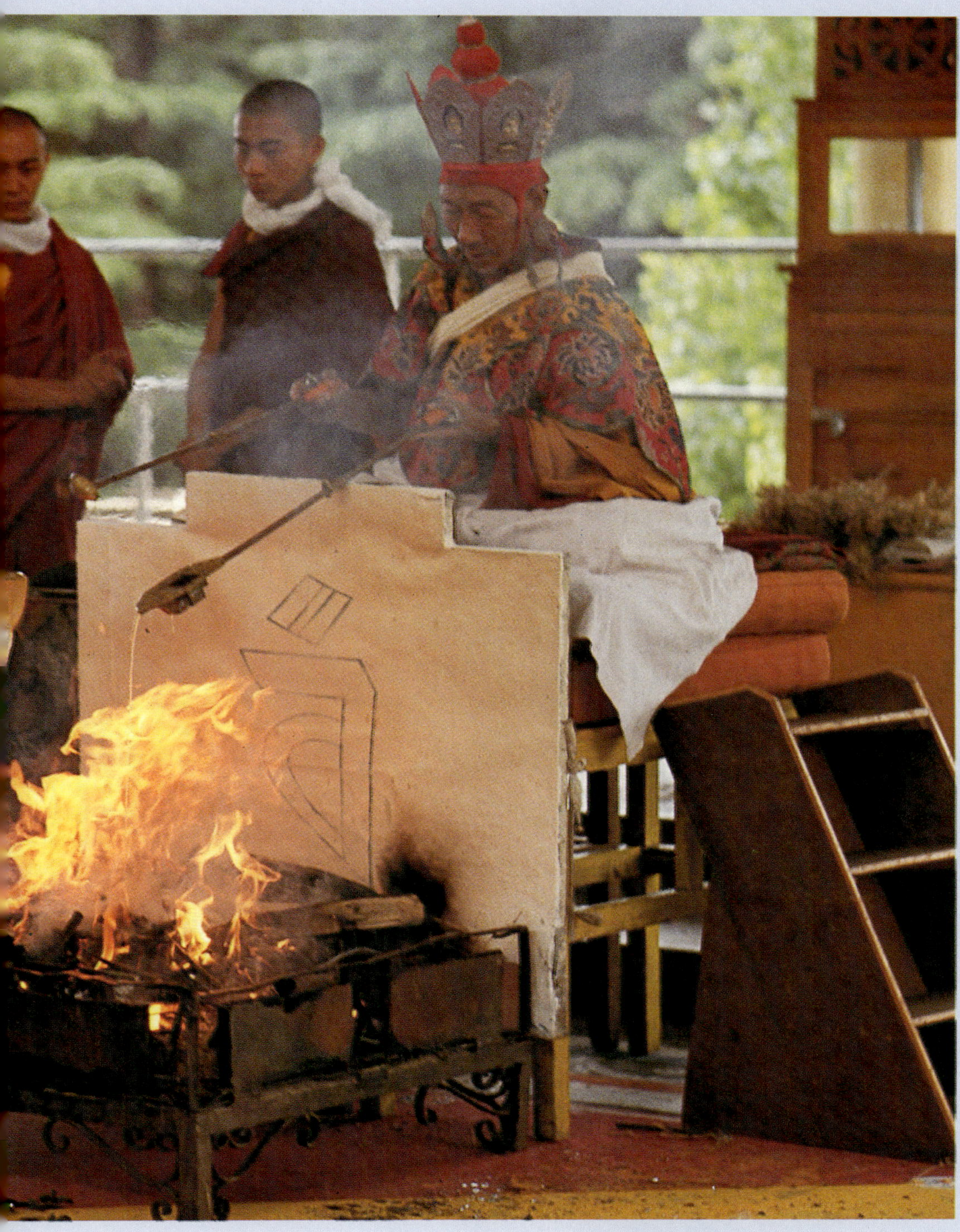

fase da finalização. Durante este último estágio, os praticantes trabalham com as energias sutis em seus corpos, junto com seus centros e caminhos. Os centros, grosso modo, correspondem-se aos chakras do sistema nervoso central, e alguns dos caminhos são também utilizados na prática da acupuntura. Não existe uma realidade física verdadeira que seja empiricamente verificável, ainda assim tanto a existência dos chakras quanto da acupuntura alcançaram um nível de aceitação no mundo convencional. Um triunfo, talvez, da mente sobre a matéria.

Durante o segundo estágio, o praticante visualiza os canais e os centros. Na maioria das pessoas, eles estão vinculados e entrelaçados, porém trabalhando-se com a respiração e com a imaginação, o praticante pode libertá-los para que as energias físicas possam viajar por eles desimpedidas. Na morte, os canais são libertos espontaneamente e todos experimentam um estado de luz evidente, embora a maioria das pessoas passe por isso desapercebidas. O praticante tântrico sabe que essa luz clara é a base fundamental de nossa existência, e assim, ele esforça-se a experimentá-la durante a meditação. Dizem que a luz que aparece na morte é uma das melhores oportunidades para se tornar um ilumi-

Círculos dentro de quadrados que estão dentro de círculos sob traços característicos de uma mandala, como nesta do vilarejo Purne, Zanskar.

nado, por isso durante a meditação o praticante tântrico "pratica" o que acontece fisicamente na hora da morte para vivenciá-la.

Depois de muito treino, o meditador é capaz de manter esta experiência e as qualidades iluminadas da divindade enquanto estiver meditando, gradativamente corroendo os costumes habituais de comportamento e pensamento que nos mantêm presos na confusão insatisfatória do mundo convencional. Esse, então, é o caminho "rápido" do Vajrayana, mas é importante ressaltar que você irá precisar de orientação de um professor qualificado enquanto o estiver praticando para não se perder nos reinos obscuros de sua psique.

O VAJRAYANA NO OCIDENTE

No aspecto positivo, render-se à autoridade de um sacerdote pode servir para destruir as obsessões egoístas e abrir a pessoa para uma perspectiva mais iluminada na vida. Se o sacerdote for capaz de direcionar o aluno para a liberdade e para a compreensão espiritual, a relação pode resultar na recuperação e no crescimento da própria autoridade interior da pessoa. Porém, como os textos tibetanos enfatizam, um cuidado extremo e discrição devem anteceder esse compromisso íntimo.

Caso contrário, o resultado será, na melhor das hipóteses, a confusão, e, na pior, a exploração abusiva de si mesmo.

STEPHEN BATCHELOR

Conforme o número de centros Budistas tibetanos no Ocidente proliferavam durante os anos de 1970 — em sua maior parte devido ao interesse daqueles alunos ocidentais, que tinham pela primeira vez encontrado o Budismo tibetano na Índia — a atração pelas práticas mais esotéricas cresciam. As divergências culturais entre a Ásia e o Ocidente tornaram-se evidentes nas diferentes interpretações do "longo tempo" necessário para se alcançar a luz, e assim novos alunos queriam unir seus amigos praticantes mais experientes nestas atividades secretas e especiais.

Os sacerdotes Budistas se impressionavam com a maturidade psicológica que a cultura ocidental desenvolvia em muitas de suas pessoas e se sentiam satisfeitos com o desejo expresso por seus alunos de se entregarem às práticas sérias de meditação. Entretanto, eles provavelmente não estavam familiarizados por completo com o costume ocidental de experimentar coisas novas e partir adiante quando a próxima aventura excitante surgia. Eles também se sentiam um tanto confusos com a instabilidade emocional que era demonstrada por algumas das pessoas que se sentiam atraídas pelo Budismo. Para aqueles com um ego saudável, uma filosofia que reduz o apego é útil, mas para alguns dos alunos mais inseguros, ela apenas servia para aumentar suas neuroses.

No início, muitos centros exigiam que sacerdotes importantes realizassem as iniciações. Elas aconteciam de forma adequada, junto com os compromissos das práticas diárias dos alunos. Mas estas novas circunstâncias significavam que o sacerdote não estava mais disponível após

Um praticante do tantra com instrumentos de rituais tradicionais como sinos e tambores

a iniciação para manter uma relação íntima com os alunos na maneira tradicional porque eles voltavam para seus mosteiros em seguida. Alguns alunos exercitavam-se por algum tempo, ficavam entediados ou cansados, ou passavam por uma crise existencial e simplesmente desistiam, apesar dos compromissos que haviam feito. Outros desenvolviam problemas psicológicos juntamente com suas práticas. Alguns alunos porém estavam bem, e continuam com sua prática tântrica até hoje, sentindo-se recompensados e beneficiados.

Os sacerdotes então perceberam que para muitos ocidentais o Vajrayana — ou o compromisso com a prática diária — era inapropriado. Hoje existem menos iniciações, e aqueles que a recebem passam por níveis menores de uma bênção, com a opção da prática diária. No entanto, para o experiente aluno ocidental do Budismo tibetano, que tem uma boa relação com um sacerdote em um centro das redondezas, o Vajrayana é ainda uma opção disponível.

Tendo mantido minha prática diária por quase dez anos, eu a considerei uma bênção mista. Vivenciei uma turbulência psicológica durante os primeiros anos, e visto que o sacerdote responsável pela iniciação tinha voltado para a Índia, ele não estava próximo para dar conselhos. Algum apoio foi oferecido por meu professor no centro, mas ele mais tarde ficou muito doente e por isso também se tornou indisponível para ajudar. Outros, principalmente professores ocidentais experientes e colegas praticantes, me ofereceram orientação e apoio durante esses anos. Ao parar para refletir, sinto-me feliz por ter esta prática diária, mas às vezes é uma luta poder mantê-la. Ainda sou um iniciante em minha prática do Vajrayana, mas ainda assim tenho observado certos benefícios.

Em louvor às divindades enfurecidas é sempre dito que eles não se desviam do Corpo da Verdade ou do amor. Se um praticante do tantra que não tinha o pré-requisito do desenvolvimento da compaixão forte tentasse realizar uma prática tão intensa, isso causaria danos em vez de ajudar ... É extremamente importante ter os pré-requisitos e todas as qualificações para a prática do tantra.

14º Dalai Lama

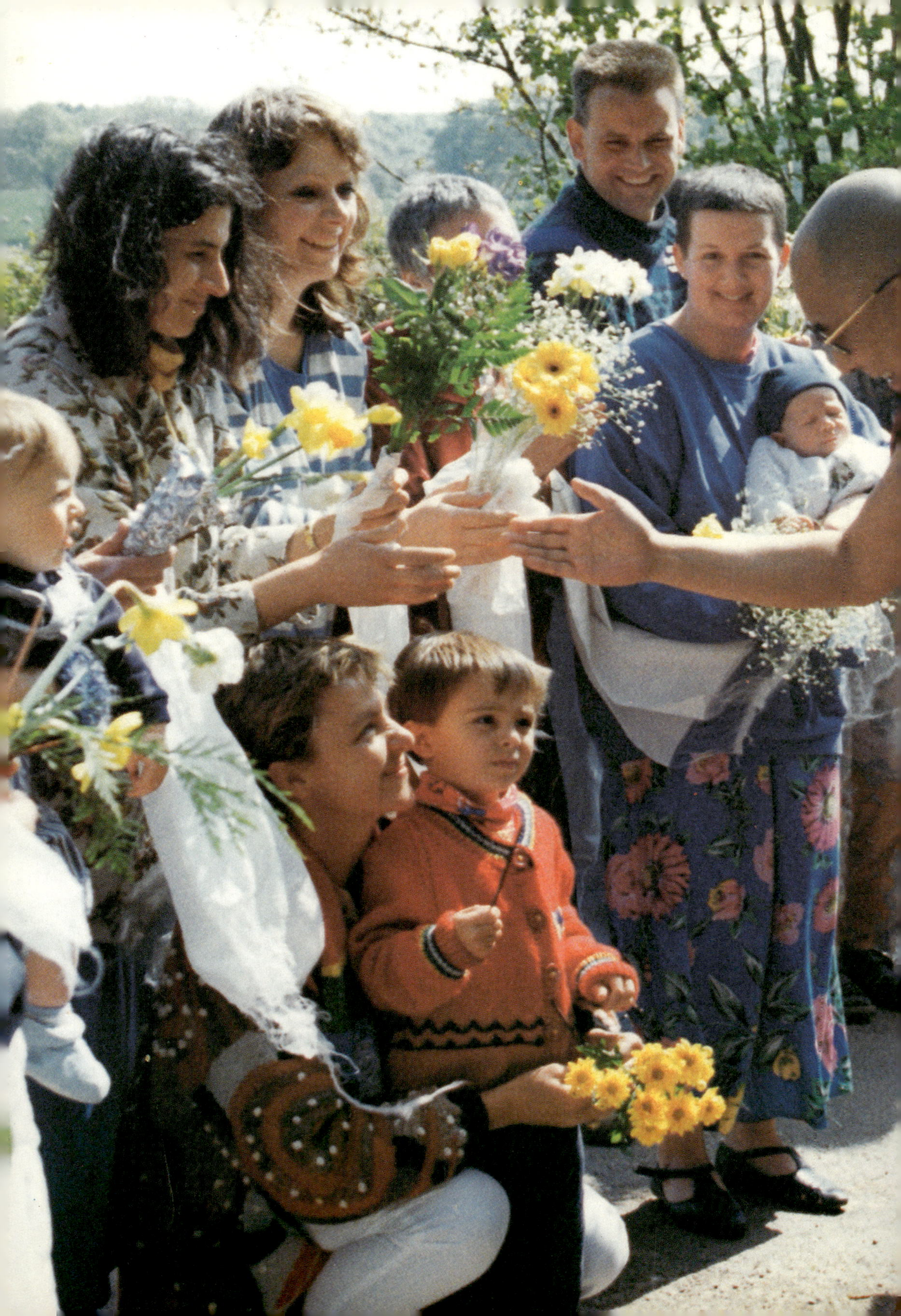

12

O Budismo Tibetano no Ocidente

A essência dos ensinamentos Budistas não muda; onde quer que ela vá, ela é sempre apropriada. Entretanto, os aspectos superficiais — certos rituais e cerimônias — não são necessariamente adequados para um novo ambiente e algumas coisas mudam. Como eles irão mudar em um lugar específico, não podemos dizer; isso evolui com o tempo.

14º DALAI LAMA

Entre os *hippies* e os viajantes que iam para o Oriente nos anos de 1960 existiam algumas pessoas que mudariam irrevogavelmente antes de retornarem para casa quase uma década depois. O seu espírito de coletividade envolvia as culturas destas terras estrangeiras, em parte por serem tão exóticas, mas a fascinação pela religião fazia parte integral de suas vidas diárias com um papel significante.

> Algumas pessoas gostam mais de uma comida; outras preferem outra. Da mesma forma, para certas pessoas uma determinada religião traz mais benefícios, ao passo que em outros casos uma outra parece melhor. Sob as circunstâncias, a variedade de ensinamentos encontrados na sociedade humana é necessária e útil, e entre os ocidentais, não há dúvida de que existem pessoas que acham o Budismo adequado para suas exigências.
>
> 14º DALAI LAMA

A trilha por terra através da Turquia, Irã, Paquistão e Afeganistão geralmente chegava na Índia onde hindus, muçulmanos, católicos e jainistas viviam lado a lado em uma mistura cultural como uma fantasia de *As Noites da Arábia*. Quando o calor intenso do início do verão indiano levou os ocidentais para as montanhas, alguns chegaram em Dharamsala, onde conheceram o Budismo tibetano. Para muitos, isso foi apenas mais um espetáculo colorido a ser apreciado no momento e depois deixaram para trás tudo aquilo tão facilmente como quando o encontraram, geralmente quando a monção tornava as condições de vida menos ideais. Mas para algumas pessoas, o impacto deste estilo de vida provou ser profundo e transformou suas vidas para sempre.

Assim, algumas foram para o Nepal, especialmente dentro e ao redor de Kathmandu, onde existia uma outra comunidade Budista tibetana fundida com aquela dos nepaleses, cuja própria religião fora influenciada pelo Budismo de seus vizinhos, no Tibete. Alguns desses viajantes, que não se sentiam atraídos pela enorme variedade de drogas recreacionais disponíveis em Kathmandu, também encontraram o Budismo tibetano de sua preferência. Foi assim que uma nova comunidade de ocidentais emergiu no Budismo tibetano e uma nova cultura nasceu.

Página Anterior: O Dalai Lama cumprimentando pessoas na recepção de boas-vindas no Centro Budista Lam Rim, Wales, em 1996.

Acima: Primeiros alunos Budistas do Ocidente, Dharamsala, 1970.

Uma ocidental em pé ao lado do templo Durga (hindu), Dharamsala.

Claro que os anos de 1960 não foram os primeiros anos do encontro entre as culturas ocidental e Budista. Com o passar dos séculos, alguns viajantes pioneiros e estudiosos dedicados tinham percorrido a mesma trilha, embora de uma forma não tanto extravagante, e tinham retornado para escrever livros detalhando suas experiências e pesquisas. Entretanto, estes trabalhos permaneceram principalmente em bibliotecas esotéricas, lidos somente por algumas pessoas. Dessa vez, o Budismo tibetano e sua cultura, juntamente com as do hinduísmo e do Islã, influenciaram a alternativa, porém popular, cultura jovem e infundida na imaginação de muitas pessoas.

Os jovens, geralmente idealistas, viajantes que ficavam em Dharamsala encontravam nos tibetanos um povo que compartilhava algumas de suas crenças, apesar de viver em um contexto cultural diferente. Um desejo por paz e amor era comum, e com as demonstrações antiguerra do Vietnã, os ocidentais sentiam uma verdadeira empatia com o povo tibetano deslocado, bem como o respeito por sua crença fundamental no uso dos métodos pacíficos de solucionar seus problemas.

A idéia de transformar a consciência de um indivíduo também não era novidade para nenhuma das culturas, embora os médiuns que a usavam com o propósito de alcançá-la fossem muito diferentes. Muitos dos *hippies* tinham experimentado drogas alucinógenas e fumar maconha era comum; assim já tinham uma boa idéia de que a percepção de realidade da mente era variável. Eles eram, portanto, geralmente atraídos pelo caminho mais seguro e mais lento da meditação, preferindo procurar essas experiências dentro deles mesmos em vez de simplesmente depender de substâncias externas.

Por isso, durante todo o final das décadas de 1960 e 1970 uma comunidade de ocidentais lentamente nasceu entre os tibetanos em McLeod Ganj, e nos pequenos vilarejos ao redor e nas cabanas isoladas nas montanhas. Cursos de meditação e da filosofia Budista tibetana que eram especialmente preparados para ocidentais foram estabelecidos — também em Kathmandu — e, após alguns contratempos iniciais, começaram a prosperar. Alunos sérios procuravam por alguns dos sacerdotes mais elevados e pediam por ensinamentos, o que estes professores que geralmente viviam de forma modesta e, na época, prontamente, sentiam-se felizes em proporcioná-los. Alguns alunos até foram ordenados, e ocidentais vestidos com túnicas tibetanas tornavam-se uma visão familiar na comunidade.

A VOLTA PARA CASA

Quando o Budismo chegou pela primeira vez da Índia no Tibete, ninguém tinha a autoridade de dizer "Hoje o Budismo chegou em uma terra nova; de agora em diante devemos praticá-lo desta forma ou de outra". Não existia tal decisão. Ela gradativamente evoluiu, e, no momento certo, uma tradição única nasceu. Talvez este seja o caso dos ocidentais; talvez com o tempo exista um Budismo combinado com a cultura ocidental. De qualquer modo, esta geração — sua geração — que está iniciando esta nova idéia em novos países tem uma grande responsabilidade de pegar a essência e ajustá-la para seu próprio ambiente.

14º DALAI LAMA

Viver na Ásia é tão exigente ao corpo quanto é revigorante para a mente quando se está acostumado a um estilo de vida ocidental, e quase todos que viviam lá sofreram doenças, variando de simples distúrbios digestivos e, às vezes, hepatites fatais. Inevitavelmente, isso passou a influenciar alguns dos ocidentais na Índia e no Nepal e contribuiu para seu desejo natural de voltar para casa para mais tempo do que para uma breve visita a cada ano ficando uma década ou mais longe dali. Tais sentimentos estavam misturados, entretanto; o que havia atraído estas pessoas para sua cultura adotada não havia mudado, e alguns desejavam ficar lá indefinidamente.

Um ocidental vestindo uma túnica cerimonial e participando de um puja de fogo, mosteiro Drepung, sul da Índia.

Enquanto isso, o governo indiano não estava desatento à presença destes colonos ocidentais, e no início dos anos de 1980 decidiu melhorar sua política para os turistas. Eles queriam receber visitantes ricos que voltavam para casa após duas semanas de visitas a lugares turísticos, em vez de mochileiros com pouco dinheiro, ou pessoas que se introduziam nas economias locais sem trazer muito dinheiro estrangeiro. Nem todos os estrangeiros que escolheram viver na Índia eram como a maioria responsável daqueles em Dharamsala, e os indianos também estavam cansados de repatriar viciados em heroína e outras coisas indesejáveis que tinham ficado sem dinheiro.

Na mesma época que começaram a exigir visitantes ingleses de terem vistos pela primeira vez em 1984, o governo preparou uma operação de limpeza em todas as áreas onde sabiam que ocidentais moravam. Dharamsala não foi exceção, e em 1985 a maioria destes ocidentais que viveram ali por mais de uma década voltavam para casa, de volta para a

A cerimônia de cremação do Sacerdote Yeshe, presenciada por seus alunos ocidentais, Instituto Vajrapani.

ENSINANDO O BUDISMO TIBETANO NO OCIDENTE

Um fenômeno interessante das duas últimas décadas tem sido o rápido crescimento no interesse pelo Budismo entre as nações ocidentais ... Sinto-me sempre feliz quando alguém consegue se beneficiar ao adotar as práticas Budistas. Entretanto, quando se trata das pessoas mudarem sua religião, eu geralmente as aconselho a considerarem o assunto com muito cuidado. Apressar-se para uma nova religião pode causar um conflito mental e é quase sempre difícil.

14º DALAI LAMA

Entre a primeira leva de ocidentais que tinham encontrado o Budismo tibetano no exterior estavam aqueles que tinham escolhido não morar lá por mais do que um ano ou dois, ou somente visitado por alguns meses todo ano. Algumas dessas pessoas já haviam iniciado o estabelecimento de Centros Dharmas e tinham trazido sacerdotes tibetanos para o Ocidente para ensinar e tornarem-se guias espirituais destes centros. Esses estabelecimentos começaram a atrair muitos alunos que não tinham co-

Europa e para os Estados Unidos. Embora forçados pelas autoridades indianas, seu retorno para casa era um processo natural, instigado também pelo desejo de compartilhar a sabedoria que tinham adquirido com o Budismo tibetano com seus compatriotas companheiros no Ocidente.

Namkhai Norbu com um grupo de alunos ocidentais visitando o Tibete.

nhecido nem a Índia nem o Nepal e não conheciam a cultura tibetana, mas que estavam profundamente impressionados com os ensinamentos do Budismo tibetano.

Ali, inevitavelmente, surgiram desentendimentos culturais, variando de problemas causados por más traduções do inglês de textos tibetanos, até as expectativas não satisfeitas tanto dos professores tibetanos quanto de seus alunos. Tais problemas não atingiram a maioria, contudo as dificuldades de indivíduos podiam afetar o andamento de um grupo. Tornou-se óbvio que a transposição direta e não modificada do Budismo tibetano para os alunos no Ocidente precisava ser mais integrada, pelo menos para alguns deles.

Assim, surgiu o fenômeno dos professores ocidentais do Budismo tibetano. Essas posições proporcionavam papéis úteis e autênticos para os mais preparados dos alunos fiéis que desejavam ensinar, alguns dos quais tinham recentemente retornado de sua imersão na cultura tibetana na Índia. Os professores ocidentais não substituíam os sacerdotes tibetanos de nenhuma forma; essa não era a intenção. O que eles ofereciam, porém, era um entendimento das questões psicológicas que afetavam os alunos ocidentais quase sempre jovens que se sentiam atraídos pelo Budismo tibetano que nem sempre era pregado por sacerdotes tibetanos.

Embora o Budismo tibetano atraísse alunos que entravam genuinamente interessados no que os ensinamentos po-

Alunos ocidentais em viagem ao Tibete com o Sacerdote Zopa Rinpoche.

diam oferecer, e em como podiam melhorar suas vidas, ele também trouxe algumas pessoas que estavam psicologicamente abaladas, ou excluídas da sociedade. Essas pessoas vinham freqüentemente procurando por salvação de seus dilemas em algo diferente e benigno, mas suas expectativas do que o Budismo tibetano podia proporcionar não eram realistas. Isso causava desaponta-

fusos e sensíveis enquanto progrediam nos aspectos básicos do Budismo tibetano e na meditação. Tornou-se claro que embora o Budismo fundamentalmente ofereça um completo caminho espiritual integrado que leva à luz, algumas pessoas precisam vivenciar outras técnicas e métodos antes de encarar tal caminho. Portanto, as diferentes tradições da psicoterapia começam a representar um papel importante.

Alguns alunos do Budismo tinham naturalmente se interessado pela psicoterapia, por ela poder ser um caminho espiritual em si, e tinham se submetido a vários treinamentos na psicoterapia transpessoal, a psicosíntese, o Gestalt, a psicologia, e assim por diante. Trabalhar tanto com os ensinamentos Budistas quanto com a psicoterapia, com o passar dos anos provou ser algo útil ao lidarmos com alunos problemáticos do Budismo, assim como ajudar na elaboração de cursos sobre os preceitos Budistas e sobre os retiros de meditação.

O BUDISMO TIBETANO E OUTRAS TRADIÇÕES BUDISTAS

Também entre os Budistas existem diferentes escolas, diferentes sistemas de práticas, e nós não devemos pensar que um preceito é melhor, outro ensinamento é pior, e assim por diante. Um sentimento partidário e crítica de outros ensinamentos ou de outros segmentos é algo muito ruim, venenoso e deve ser evitado.

14º Dalai Lama

mento individual e às vezes ruptura nos centros.

Assim, os experientes alunos ocidentais que tornaram-se professores viam-se confrontados com alguns problemas con-

Monges e freiras ocidentais em oração no Centro Tibetano Samye Ling, Escócia.

Além de explorar a psicoterapia ocidental, alguns alunos do Budismo tibetano tinham praticado o Vipassana das tradições dos burmeses, Sri Lanka e dos tailandeses, bem como os das tradições coreanas e japonesas zen. Eles viram que as diferentes técnicas podiam trabalhar juntas em harmonia, e assim começaram a ser incorporadas em alguns dos cursos praticados nos Estados Unidos e na Europa. Essa síntese é refletida em uma tradição Budista-ocidental que também se utiliza da filosofia ocidental, fundada por Sangharakshita em 1967 que a no-

acreditam que explorar uma síntese de tradições irá aos poucos levá-los para um Budismo ocidental que nasce organicamente e se utiliza do que é útil dentre todas as tradições. Estas diferentes escolas do Budismo geralmente co-existem em um espírito de tolerância e recebem a oportunidade para a discussão e a prática juntas, sem assim invalidar a pureza e abrangência de cada tradição.

O Budismo tibetano, com suas quatro próprias escolas, floresce neste contexto Budista mais amplo. Muitos centros praticam puramente dentro de suas tradições, enquanto muitos outros cursos e retiros usam os ensinamentos Budistas tibetanos junto com o Vipassana e a psicoterapia. Com a exceção ocasional, o espírito de tolerância contida nos ensinamentos Budistas prevalece, e o Budismo tibetano enriquece as vidas de muitos ocidentais hoje.

O BUDISMO TIBETANO NO OCIDENTE HOJE

A coisa mais importante é a prática na vida diária; assim você pode conhecer aos poucos o verdadeiro valor da religião ... Eu espero que você se empenhe na prática com um bom coração e a partir desta motivação você possa contribuir com algo bom para a sociedade ocidental. Essa é minha oração e desejo.

14º DALAI LAMA

O espírito do Budismo tibetano está prosperando e ficando cada vez mais for-

meou como os Amigos da Ordem Budista Ocidental.

Essas diferentes abrangências atendem diferentes pessoas e alguns alunos e professores sentem verdadeiramente que a prática de uma tradição é puramente apropriada para eles; enquanto outros

O Sacerdote Zopa no Peace Pagoda, Londres.

te no Ocidente o tempo todo. Qualquer tentativa de quantificá-lo em termos numéricos de centros estará fadada à rápida obsolescência; é o suficiente dizermos que existem mais de cem centros — grandes e pequenos — em todo o mundo ocidental atualmente. O que talvez seja mais interessante é traçarmos a evolução de alguns diferentes centros a partir de seus inícios espontâneos, quando eles germinaram por meio do entusiasmo dos sacerdotes tibetanos e de seus alunos.

O Jamyang — um centro na tradição Gelukpa — foi originalmente chamado de Manjushri, por ter sido associado com o já existente Centro Manjushri em Cumbria, Inglaterra. O primeiro Manjushri é hoje a matriz da nova tradição Kadampa, e quando ele se tornou incompatível com o centro londrino mais jovem, foi transformado no Centro de Meditação Jamyang. Originalmente o centro não tinha um prédio físico, e a partir de 1979 encontros entre pessoas interessadas foram realizados em diversos apartamentos, na Embaixada Cambojiana desativada, e em uma sala no prédio da Sociedade Budista.

A inspiração para este centro em Londres veio do Sacerdote Yeshe, Geshe Kelsang e do Sacerdote Zopa, depois que todos visitaram e ensinaram algumas vezes em Londres. Por fim, em 1982, uma casa na área do Parque Finsbury ao norte de Londres foi comprada e convertida no primeiro centro oficial Budista Gelukpa de Londres. Um sacerdote, Geshe Wangchen, logo assumiu a residência e o número de alunos cresceu até que o *gompa*, ou sala do santuário, passou a ficar lotado nas noites quando Geshela, como ele era familiarmente conhecido, pregava.

Um sacerdote visitante vinha ocasionalmente e oferecia ensinamentos e iniciações. Durante o final dos anos de 1980, Geshe Wangchen ficou seriamente doente e se ausentou do centro por longos períodos; por fim, ele voltou à Índia por questões de saúde. Enquanto isso, um monge americano, John Feuille, veio e ensinava na ausência do sacerdote residente, junto com sacerdotes visitantes e outros monges e freiras ocidentais. Geshe Tashi chegou no início de 1900 e tornou-se o professor residente, assistido por John e outros alunos mais antigos.

Nesta altura, tornou-se necessário a busca de um lugar mais espaçoso, visto que a casa no Parque Finsbury não era mais capaz de abrigar o número crescente de alunos que chegavam em busca de ensinamentos. Portanto, aconselhados pelo Sacerdote Zopa, que ainda era o responsável espiritual do centro, os dedicados alunos organizaram uma enorme e bem-sucedida campanha angariando fundos e compraram um antigo fórum ao sul de Londres. Ele estava em uma condição não-acabada e precisava de muito trabalho de construção e reforma, por isso iniciaram um trabalho que durou de um a dois anos de esforço físico intenso, na sua maior parte feita por voluntários.

Atualmente, o Jamyang é um centro bem freqüentado, executando um programa regular de aulas que variam de meditações básicas à filosofia Budista mais avançada. Alguns dos antigos rostos podem ainda ser vistos; muitas pessoas novas também freqüentam atualmente uma ou duas vezes por semana e participam dos eventos que o Jamyang organiza nos dias dos principais festivais Budistas tibetanos.

Em 1986, Jewel Heart foi fundado em Ann Arbor, Michigan, e continua a patrocinar palestras públicas, instruções meditacionais e práticas, cursos sobre o Budismo tibetano e retiros de várias práticas e ensinamentos. Kyabje Gelek Rinpoche é o diretor espiritual deste centro; ele é relacionado à família do 13º Dalai Lama. Kyabje Gelek Rinpoche estudou em Drepung com ambos os tutores, sênior e júnior, do 14º Dalai Lama, e fugiu para o exílio em 1959. Depois de passar vários anos na Índia, ele mudou-se para os Estados Unidos.

Kyabje Gelek Rinpoche é fluente em inglês, e acostumou-se com a cultura popular ocidental com uma facilidade surpreendente; ele é, portanto, idealmente apropriado para ensinar aos ocidentais. Seu principal objetivo é tornar o treinamento tradicional Budista prático e acessível aos praticantes contemporâneos. Ele recentemente conseguiu a cidadania americana e se utiliza de exemplos da cultura americana e da política para preparar suas sessões de aulas.

Existe um programa estruturado para os alunos, que é também seguido nos centros associados ou pelos cônegos em outras cidades. Este programa inclui cursos de estudo semanais e mensais e dois retiros de uma semana todo ano, o último reunindo muitos alunos nos Estados Unidos, assim como dos centros na Holanda, Malásia e Singapura. Durante os retiros meditacionais existem cursos disponíveis de pinturas *thangka*, palestras com os sacerdotes visitantes, e também as ministradas por Kyabje Gelek Rinpoche, e também existiam leituras de poesia por Allen Ginsberg, que era um membro do Conselho de Jewel Heart.

Em abril de 1994 os membros do Conselho de Jewel Heart e alunos vibraram por poderem patrocinar uma visita do Dalai Lama em Ann Arbor. Os eventos, acontecidos na Universidade de Michigan, incluíam uma palestra pública pelo Dalai Lama, um festival cultural tibetano com exposições de arte folclórica tibetana e objetos de rituais, e um recital de piano com o famoso compositor moderno Philip Glass, que faz parte do Conselho de Jewel Heart.

Os Estados Unidos possuem aproximadamente quatrocentos centros hoje em dia, desde os menores, com apenas alguns membros e afiliados com um mosteiro ou um professor específico, até os muito grandes, como os vários centros de retiro. Alguns professores experientes nos Estados Unidos, como Geshe Michael Roach e Ven. Thubten Chodron (o antigo *Cherry Green*/Verde Cereja) trabalha em busca do estabelecimento de tradições puras do Budismo tibetano nos Estados Unidos. Quatro anos atrás, Geshe Michael tinha somente alguns alunos em suas aulas, mas atualmente eles são mais de sessenta. Este interesse é refletido em muitos países ao redor do mundo hoje, e novos centros estão surgindo.

Assim, cada centro tem uma história e essência únicas, dependendo do país no qual se baseiam e em qual escola tibetana seguem, mas o desenvolvimento de pequenos grupos informais e entusiasmados reunindo-se em casas de pessoas e prédios preparados especificamente para o propósito de práticas espirituais é comum. Freqüentemente enfrentando aparentemente problemas financeiros insuperáveis, os centros encontram patrocinadores que tornam o sonho de uma sala de santuário, ou um prédio ainda maior, uma realidade. Muito é alcançado por alunos que se voluntariam gratuitamente para fazer estes centros funcionarem para que os ensinamentos preciosos do Budismo tibetano estejam disponíveis para todos aqueles que entram por suas portas.

Este espírito de doação é fundamental para os ensinamentos Budistas e também está refletido em várias atividades desempenhadas por alguns dos alunos. Essas atividades incluem levar comida para os sem-teto na maioria das grandes cidades, e enviar roupas usadas para algumas das comunidades mais pobres da Índia. Às vezes, grupos são organizados especialmente para estes propósitos como Rokpa, que trabalham a nível internacional. Tais ações, talvez em maior número do que seus centros, indicam que o Budismo chegou no Ocidente e se tornou integrado ao espírito cristão tradicional de fortalecer nossas próprias culturas ocidentais,

O que irá acontecer com o Budismo tibetano em seu próprio país de origem, nas comunidades tibetanas exiladas e em sua nova fase no Ocidente, continua sendo algo desconhecido. E o Budismo no Ocidente nem sempre é um sucesso histórico.

Eu conheci ocidentais que no início estavam muito entusiasmados com suas práticas, mas que depois de alguns anos as esqueceram por completo, e não há indícios de tudo o que eles outrora praticaram. Isso se deve ao fato de no início eles esperarem demais.

14º DALAI LAMA

Ainda assim o Budismo tibetano no Ocidente está aqui para ficar, embora seja provável permanecer periférico à sociedade principal, até mesmo com o número crescente de pessoas intitulando-se Budistas, assim como os centros que alguns deles freqüentam. Os preceitos do Buda — o Dharma — estão fundamentalmente preocupados em amenizar o sofrimento da existência, e como o Budismo tibetano contribui com isso no Ocidente, essa é sua medida como uma tradição Budista viva e autêntica.

A prática do Dharma só tem significado se uma transformação considerável for efetivada no interior do praticante. Enquanto o praticante permanecer inalterado, o Dharma não passa de um consolo, uma diversão, uma fascinação ou uma obsessão... A pessoa e a prática não são duas coisas diferentes.

STEPHEN BATCHELOR

Pintura Chenrezig de Peter Iseli.

Compaixão: Nossa Responsabilidade Universal

O Dalai Lama freqüentemente ressalta a importância da responsabilidade universal de todas as pessoas, seja ela ou não praticada no contexto de uma religião. A compaixão é a resposta espontânea à insatisfação e ao sofrimento, e junto com a responsabilidade universal formam a boa maneira de encontrarmos a paz. Os trechos seguintes foram tirados de palestras públicas do Dalai Lama que aconteceram por alguns anos.

Uma freira estudando no Convento Ganden Choeling

COMPAIXÃO: NOSSA RESPONSABILIDADE UNIVERSAL 217

Um monge distribui fitas abençoadas na audiência pública do Dalai Lama

Uma freira cristã participando dos ensinamentos do Dalai Lama, Dharamsala, 1997.

Crianças tibetanas em um vilarejo próximo à Lhasa

Quando você vê a humanidade enfrentando certos problemas, principalmente os causados pelos próprios homens, para solucionarmos estes contratempos eu acredito que a melhor maneira é por meio da compreensão humana, que se baseia nos sentimentos humanos básicos. Agora, se analisarmos com cuidado a natureza da humanidade, do nascimento até a morte, a afeição e a compaixão são os sentimentos mais importantes de um ser humano. Sem eles, a humanidade não pode sobreviver. Assim, portanto, sob tais circunstâncias, sempre acredito que é muito importante termos um senso de responsabilidade universal baseado na compaixão, no amor e no perdão.

A compaixão não significa somente sentimentos de piedade ou simpatia; a compaixão é, eu penso, a preocupação real com os outros. Então você vê que com a compaixão o nosso senso de responsabilidade se desenvolve e aumenta. Também, acredito que é muito importante saber que a prática do amor e da compaixão não se trata principalmente de religião. Claro que a religião é algo muito bom, mas às vezes sinto que a religião e a ética moral são um luxo. Mesmo sem a religião, nós podemos lutar e sobreviver. Porém, a compaixão e o amor — sem eles não podemos ficar.

Todos nós, independente da formação cultural, fé e circunstâncias sociais, por natureza, temos o sentimento do "Eu". Com este sentimento do "Eu", também surge o desejo de alcançarmos a felicidade e superamos o sofrimento. Este sentimento existe desde o início da vida humana neste planeta. Ele determina todo o desenvolvimento e a história humana. Isso nunca irá mudar, independente dos avanços materiais e tecnológicos que possam acontecer.

Você deve antes de mais nada sentir isso de sua própria experiência. Se alguém olha para você com um sorriso, com afeto, você se sentirá feliz; se alguém olha de modo zangado, irá se sentir desconfortável. Você irá então saber que outras pessoas também são seres humanos, e também querem o amor e a compaixão. Assim, para criarmos amigos de confiança, você precisa de amor, compaixão, sinceridade e franqueza.

Hoje, devido ao desenvolvimento da ciência e da tecnologia, nosso poder de destruição é algo imenso e representa uma ameaça real. Sob tais circunstâncias eu acredito que a realização da unificação de um ser humano completo é a mesma que a unificação de cada ser humano. Acho que isto é importante. Portanto, sinto que o amor e a bondade são o mesmo que uma religião universal. Você pode ser uma pessoa anti-religiosa, mas ainda precisa sentir uma bondade amorosa.

Um velho cientista que conheci, um especialista no cérebro, me disse que enquanto uma criança está no ventre de uma mulher, a paz mental de uma mãe é muito importante. Também aprendi que simplesmente tocar o corpo de seu filho é o

Uma jovem mãe tibetana com sua criança

Estudantes tibetanos com as mãos fechadas em um gesto de respeito e saudação; um deles segura uma foto do Dalai Lama.

fator mais importante para o desenvolvimento saudável do cérebro da criança. Isso prova que a humanidade realmente precisa de afeto.

Às vezes existe conflito entre as atitudes de curto e longo prazo, mas para o bem de nosso planeta é muito importante escolhermos a visão de longo prazo. Em nossa crise global não podemos culpar alguns políticos; toda a humanidade, cada ser humano é responsável. Por isso, precisamos de um senso de responsabilidade universal.

Portanto, irmãos e irmãs, se você concorda com algum destes pensamentos, tente então implementá-los e explicá-los a outras pessoas. Mas, se você acha que eles não são úteis para a humanidade, não há problema, você pode simplesmente esquecê-los.

Eu sinto que para os jovens é mais fácil expressar os sentimentos. Há mais honestidade. Quando envelhecemos existem mais circunstâncias e condições; as coisas não são tão claras. Por isso, neste sentido, nossos jovens, a nova geração, são a força essencial. Sinto-me realmente encorajado ao ver tantos jovens tentando implementar a idéia de uma sociedade não-violenta e cheia de compaixão.

O próximo século[1] eu espero que seja cheio de diálogo e não de destruição. Este século XX tem provavelmente sido o pior em mortes e derramamento de sangue por meio da ação humana. Nós vivemos vendo a violência e a guerra como forma de resolver nossos problemas, mas falhamos. Se trocássemos o dinheiro usado em armamentos, por métodos mais pacíficos e construtivos, alcançaríamos mais benefícios.

O diálogo é uma forma mais construtiva, e podemos ver um início hoje. A discórdia e o conflito sempre irão existir, por causa dos seres humanos; se nosso planeta não tivesse seres humanos, esse seria um lugar mais seguro. Mas ninguém deseja morrer! E nós já estamos aqui. Os humanos também têm um grande potencial para o bem, e ao combinarmos a inteligência e o bom coração, o altruísmo pode desenvolver-se. Outros animais não são capazes de fazer isso; essa é nossa qualidade especial. Portanto, devemos reconhecê-la como algo bom e usá-la de forma eficaz.

---

1. N. do T.: A obra original foi editada em 1998; portanto, o autor refere-se ao século atual (XXI)

Mulheres tibetanas idosas girando rodas de oração, Mundgod, sul da Índia.

A compaixão é a fonte da ação não-violenta, e ela nos traz a força interior e a paz mental. Com estas qualidades a compaixão também nos traz mais sorrisos, amizade e harmonia. Por isso a compaixão é realmente algo muito precioso. Ela abre nossas portas interiores e permite que nos comuniquemos com os outros seres humanos de forma mais fácil e até mesmo [com] animais. Assim, nós desenvolvemos amizades verdadeiras e reduzimos nosso sentido de insegurança e medo, e desenvolvemos a autoconfiança, que nos traz mais força interior e paz.

Mulheres tibetanas em Dharamsala, segurando malas, incenso e katas, esperando para ver o Dalai Lama.

Existe também menos chances de desenvolvermos o ódio, a raiva e a inveja. Isso prejudica nossa paz de espírito, e se você os mantêm dentro de si fecha as portas interiores automaticamente e torna a comunicação com os outros algo difícil, e assim conseguimos destruir nossa paz interior e nossa saúde. Existe uma má compreensão comum ao pensarmos que a raiva é nossa proteção e nos dá energia extra, mas se olharmos mais de perto a energia causada pela raiva é cega. É melhor, portanto, saber que estas emoções aflitivas são prejudiciais, e isso ajuda a evitar que elas aconteçam.

Glossário de Termos Budistas

Bodhicitta: a mente altruísta que almeja alcançar a luz para ajudar todos os seres a encontrar a felicidade.

Bodhisattva: alguém no caminho da luz que gerou o *bodhicitta*.

Buda: um ser iluminado, a primeira das Três Jóias.

Buddha Shakyamuni: o histórico Buda, Siddhartha Gautama.

Buddhadharma: literalmente os ensinamentos do Buda.

Carma: as ações de nossos corpos, fala e mente. Boa ou má, elas são motivadas pela desilusão não-iluminada e servem como a causa do futuro renascimento — boas ações causam um bom renascimento e vice-versa, mas o Carma age por muitas vidas, e as condições devem ser apropriadas para que o Carma amadureça, assim ele torna-se mais complexo do que uma simples ação de causa e efeito.

Chakra: círculo literal; uma energia ou centro nervoso psíquico no corpo.

Compaixão: o desejo de libertar todos os seres do sofrimento.

Verdade Convencional: também verdade relativa; a forma como as coisas parecem para aqueles que ainda não estão iluminados e ainda são incapazes de perceber a verdade fundamental, isto é, de não perceber o incomum como ele realmente existe.

Divindade: um Buda representado de uma forma simbólica, pacífica ou cheia de ira.

Prática da Divindade: uma forma de prática tântrica que usa a meditação, o mantra e a visualização de uma divindade específica, conhecido como um *yidam*, ou divindade pessoal, uma vez que alguém é iniciado na prática.

Dharma: pode significar várias coisas, mas aqui o termo é usado como o sentido da palavra do Buda, os ensinamentos do Buda, e a segunda das Três Jóias.

Geluk/Gelukpa: também Gelug; uma das quatro principais escolas do Budismo tibetano.

Geshe: um título honorífico, geralmente para um monge na tradição Geluk que se submeteu a um curso sistemático de estudos e retiro e passou em um exame final qualificando a pessoa para ensinar o Budismo tibetano.

Guru: professor ou mestre espiritual.

Hinayana: literalmente, mas de alguma forma ilusória, o menor veículo. O caminho seguido por tradições Budistas que tentam alcançar a luz para o indivíduo, mas também a base do Budismo Mahayana.

Kagyu: uma das quatro principais escolas do Budismo tibetano.

Lama: professor espiritual ou guru, nem sempre um *geshe*.

Mahayana: literalmente um veículo maior, o caminho Budista que tenta alcançar a luz para benefício de todos os seres.

Mantra: sílabas sagradas, geralmente repetidas muitas vezes como parte de uma prática espiritual.

Meditação: existem dois tipos principais no Budismo tibetano, a analítica e a concentração orientada. Ambas treinam a mente e trabalham para a transformação da consciência de se alcançar a luz.

Mo: adivinhação por meio de orações e jogos com dados.

Néctar: uma oferta divina para o(s) Buda(s), geralmente visualizada ou substituída por chá ou álcool em cerimônias. Diz-se que um ser iluminado ou Buda pode transformar substâncias impuras em néctar.

Nyingma: uma das quatro principais escolas do Budismo tibetano.

Oráculo: uma pessoa agindo como médium para um espírito protetor que se manifesta após o médium se vestir com túnicas cerimoniais e toucados e entrar em um transe.

Protetor: uma divindade enfurecida que ajuda a proteger uma pessoa ou país das pessoas cheias de má intenção.

Reencarnação: o nível mais sutil de consciência junto com o Carma causado pelas encarnações anteriores que passam de uma vida para a outra.

Rinpoche: literalmente o precioso, usado pelos tibetanos para designar respeito por um sacerdote reencarnado que quando jovem é também conhecido como um *tulku*.

Sadhana: um texto ou escritura religiosa que detalha uma prática tântrica e inclui instruções de mantras falados, visualizações e de recitações de orações e louvores.

Samsara: literalmente a existência cíclica, que continuamente nasce, morre e renasce antes que uma pessoa alcance a luz e atinja o nirvana.

Sangha: a comunidade espiritual, nossos amigos espirituais, às vezes usado para indicar somente monges e freiras, a terceira das Três Jóias.

Sunyata: literalmente o vazio e a anulidade, uma filosofia que acredita que todas as coisas são vazias de existência inerente, isto é, elas não podem existir sozinhas, mas que dependem de suas partes constituintes e ambiente.

Stupa: um monumento religioso de estilo e formato específicos, mas de qualquer tamanho, simbolizando as qualidades interiores do Buda.

Sutra: os ensinamentos do Buda, falados ou escritos.

Tantra ou tantrayana: também chamado de Vajrayana, literalmente a continuidade, geralmente significando a prática da divindade que busca transformar o corpo de uma pessoa, sua fala e sua mente na do Buda.

As Três Jóias: Buda, Dharma e Sangha, tudo no que uma pessoa deve confiar, ou refugiar-se, para alcançar a luz.

Tulku: Veja Rinpoche.

A Verdade Fundamental: como as coisas realmente são, isto é, vazias de existência inerente e interdependentes de suas partes constituintes e ambiente.

Vajrayana: veja Tantra.

Bibliografia

Livros

Avedon, John F., *In Exile from the Land of Snows* (*No Exílio vindo da Terra das Neves*)
(Publicações Wisdom, 1985)

Batchelor, Stephen, *The Awakening of the West* (*O Despertar do Ocidente*)
(Aquarian, 1994)

Batchelor, Stephen, *The Tibet Guide* (*O Guia do Tibete*)
(Segunda edição, Publicações Wisdom, 1998)

Bell, Sir Charles, *Portrait of a Lama: The Life and Times of the Great Thirteenth* (*Retrato de um Sacertado Budista: A Vida e a Era do Grande Décimo Terceiro*)
(Publicações Wisdom, 1987)

Gyatso, Tenzin (14º Dalai Lama), *A Policy of Kindness* (*Uma Política de Bondade*)
(Publicações Snow Lion, 1993)

Gyatso, Tenzin (14º Dalai Lama), *Freedom in Exile* (*Liberdade no Exílio*)
(Abacus, 1992)

Gyatso, Tenzin (14º Dalai Lama), *Kindness, Clarity and Insight* (*Bondade, Clareza e Percepção*)
(Publicações Snow Lion, 1984)

Norbu, Thubten Jigme e Turnbull, Colin, *Tibet: Its History, Religion and People* (*O Tibete: Sua História, Religião e Povo*)
(Livros Pelican, 1972)

Snelling, John, *The Elements of Buddhism* (*Os Elementos do Budismo*)
(Livros Element, 1990)

Periódicos

Shambhala Sun, Volume 5, Número 2
(Novembro de 1996, Boulder)

Vídeos

A Man of Peace (*Um Homem de Paz*)
(The Meridian Trust e o Escritório de Informações e Relações Internacionais do Tibete, Londres, 1989)

Contribuition of the Individual to World Peace (*A Contribuição do Indivíduo para a Paz Mundial*)
(The Meridian Trust, Londres, 1984)

In the Presence of Compassion: (*Na Presença da Compaixão:*) H.H. A Visita do Dalai Lama no Reino Unido em 1993
(The Meridian Trust, Londres, 1993)

In the Spirit of Free Enquiry (*No Espírito da Inquisição da Liberdade*)
(The Meridian Trust, Londres, 1993)

Peace in Action: (*A Paz em Ação:*) H.H. A Visita do Dalai Lama no Reino Unido em 1996
(The Meridian Trust, Londres, 1996)

Secular Meditation (*Meditação Secular*)
(A Fundação da Responsabilidade Universal, Delhi, 1995)

The Last Resort (*O Último Recurso*)
(Majo Film, Dinamarca, 1991)

AGRADECIMENTOS PELAS FOTOS

Robert Beer (ilustrações); Camera Press; Cortesia do Departamento de Informações & Relações Internacionais, Dharamsala, Índia; Centro Cultural Dewachen, África do Sul/Guy Lieberman; Christopher Gibb; Biblioteca Picture ILN; Centro Budista Lam Rim/Simon Ferguson; Rajiv Mehrotra; Roger Mouland; Escritório do Tibete, Londres; Hugh Richardson; Sociedade Royal Geográfica/E. H. Wilson; Centro Tibetano Samye Ling; Agência The Marsh/Heinrich Harrer; coleção do Meridian Trust; Cortesia de Rigpa; Paul Dacre; Raphaele Demandre; Michael Kern; Guy Lieberman; Jonathan Treasure; Cliff Venner; Imagens do Tibete; Diego Alonso; Art Society, Amsterdan; Diane Barker; Robin Bath; Brian Beresford; coleção de Brian Beresford; Markus Bollen; Michael Shaw Bond; Jerry Callow; Ian Cumming; Tenzin Dorje; Mike Ford; Irene Greve; Greta Jensen; Maurice Joseph; Norma Joseph; Gavin Kilty; Irene Kristalis; Mani Lama; Chris Langridge; Sarah Lock; B. Luther; Edwin Maynard; John Miles; Catherine Platt; Francesco Prevosti; Ron Schwarz; Jirina Simajchlova; Eitan Simanor; Vladimir Sis & Jan Vanis; Irene Slegt; Sean Mayne Smith; Vanessa Smith; Sean Sprague; Merilyn Thorold; Mike Tibbetts; David Tomory; Don Weedon e Kim Yeshi.

Índice Remissivo

A

Akong Rinpoche – 174-175
altruísmo – 127, 133, 142-143, 221
Atisha – 32, 82, 142, 157

B

bodhisattva – 160, 165
Britânica – 36
Buda – 30, 110, 115, 117, 127, 133, 139, 143, 146, 152, 154-156, 158-159, 167-168, 175, 177, 184, 187, 189-190, 192, 215
Budismo
   ver também Budismo Tibetano
   crenças – 22
   diálogo entre fés – 138
   estabelecimento – 22, 214
   filosofia – 102, 115, 134, 165, 187, 198, 204, 213
   interesses Ocidentais – 135, 197, 206
Budismo Tibetano – 22
   desenvolvimento – 157
   escola Geluk – 175
   escola Kagyu – 173-174
   escola Nyingma – 168
   escola Sakya – 172
Burma – 146, 158
Bylakuppe – 65-66

C

cerimônia – 30, 42, 71, 88, 97-98, 109, 162, 191-192, 194, 206
China – 25, 30-32, 34-38, 40, 42-43, 45, 49, 74, 77, 120, 122, 125, 136, 146
   Budismo – 146, 165
   invasão do Tibete – 20, 31, 35-36, 38, 40, 56, 105, 107
   ocupação do Tibete – 14, 42-43, 65, 85-86, 120
Chogyam Trungpa Rinpoche – 174-175
ciência – 114, 140-141, 184, 219
compaixão – 13, 20, 31, 74, 83, 117, 120, 127, 131, 161, 167, 187, 199, 216, 218
cultura – 14, 20, 22, 30, 43, 45, 47, 49-50, 59, 64-65, 69, 76-78, 113, 117, 131, 165, 175, 197, 202-204, 207, 213
   destruição – 49, 127
   preservação – 76

D

Dalai Lama – 8, 12-15, 20, 26, 29-30, 35-36, 38, 42-43, 49-50, 52, 55-56, 58-59, 64-67, 74, 80, 82-88, 92, 94-96, 98-100, 102-105, 107-120, 122, 124-130, 133-136, 138-140, 146, 152, 154-155, 159, 167, 177, 184, 189, 199, 201-202, 204, 206, 209, 211, 213-216
Chenrezig – 82, 167-168
entrevista – 133
estabelecimento da linhagem – 35
exílio – 36, 43-44, 56, 65, 84-85, 88, 112, 120, 213
Gelukpa – 35, 177, 212
infância – 8, 42, 92, 98
14º – 12, 20, 30, 36, 38, 43, 50, 59, 66-67, 80, 83, 87-88, 92, 94, 102-103, 107, 109-110, 112-113, 118-120, 124, 126-127, 140, 147, 152, 167, 184, 199, 201-202, 204, 206, 209, 211, 213, 215
lar – 26, 30, 34, 66, 70, 87, 98, 126,

    líder dos Tibetanos – 87
    meditação – 94, 103, 110, 113, 115-116, 149, 159, 178
    papel do – 80
    reencarnação do – 92
    vida na Índia – 59, 107
    visitas internacionais – 113
divindades – 42, 163, 189-190-192, 199
democracia – 80, 84-85, 126
Dharamsala – 8, 12, 64-67, 71,79, 84, 87, 169, 190, 194, 202-203, 205, 217, 222
Dharma – 24, 155, 157, 184, 215
dialética – 102
Dilgo Khyentse Rinpoche – 26, 154, 171
Dorje Shugden – 177
Drepung – 20, 30, 51, 68, 71,105, 161, 205, 212-213,
    Mundgod – 71, 161, 221
Dzogchen – 171

E

esclarecimento – 21, 127
Estados Unidos – 70, 119, 124-127, 206, 210, 213-214
    Budismo –21, 126-127, 206, 210, 214
    visitas ao – 102, 113, 122, 205

F

França – 171, 175

G

Ganden, Mosteiro – 30, 46, 71, 176-177, 216

Ganden Tri Rinpoche – 177
Geluk, escola –175
Geshe – 108, 177, 212-214

H

Heinrich Harrer – 105, 123
Hinayana – 158-159, 165, 184, 224

I

Índia – 12, 25-26, 31-32, 36, 42, 55-59, 62, 64-65, 69, 71, 82, 88, 94, 105, 107, 109-110, 112-113, 118-120, 127, 136, 142, 148, 157-158, 160-161, 163, 1665, 167, 172, 187, 190, 197, 199, 202, 204-205, 207, 213, 215, 221
    Budismo – 187
    exílio do Dalai Lama – 120
    refugiados – 55-56, 62, 69
Itália – 171

J

Jamyang – 212-213
Jamyang Khyentse Chokyi Lodro – 154
Japão – 120, 146, 157, 165
Je Tsong Khapa – 175-176
Jewel Heart – 213-214
Jokhang, templo – 161
juventude Tibetana – 69, 84

K

Kagyu, escola – 173-174
Kalu Rinpoche – 173, 175

Karmapa – 170, 174
Kashag – 58, 84
Kelsang Gyatso, Geshe – 84, 177
Kewtsang Rinpoche – 92, 94
Kyabje Gelek Rinpoche – 213-214
Kyabje Trijang Rinpoche – 100

L

Lam Rim Chenmo – 176
lamas – 22, 33, 26
Lhamo Thondup – 92, 94, 98, 103
Lhasa – 15, 20, 26, 29-31, 34, 38, 40-42, 50, 52, 55-56, 95-96, 98,105, 108-109, 112, 114, 139, 152, 158, 161, 166, 176, 218
Ling Rinpoche – 100, 102

M

McLeod Ganj – 67, 69-70, 113, 133, 204,
Mahayana – 74, 159-160, 165, 167, 187, 224
    mandalas – 192
    mantras – 22, 29, 115, 146, 148, 156
Marpa – 32, 174
meditação – 22, 78, 94, 104, 110, 113, 115-116, 136, 142-143, 149, 159, 173, 177, 187, 189, 190-192, 196-197, 204, 209, 212, 224-226
    Budista tibetano – 141, 187, 189
Milarepa – 32, 135, 158, 174
mosteiros – 8, 16-17, 22-23, 25-26, 30, 47, 49-51, 66-67, 71, 142, 160-161, 176, 199
    destruição – 47, 49
    na Índia – 160
monges – 8, 12, 22-24, 30, 33, 47, 51, 59-60, 65, 69, 71, 87, 95-96, 102, 110, 114, 135, 142, 155-156, 161, 163, 166, 168, 177, 186, 210, 213, 225
Mongólia – 25, 31-34, 36, 37, 48, 122, 172
Monlam, festival – 31, 68, 176

N

Namkhai Norbu Rinpoche – 171
Naropa – 32, 173, 187
Nehru, Pandit – 59
Nepal – 56, 72, 148-149, 152, 202, 204, 207, 230
Novos Kadampas – 184
Ngakpa Jampa Thaye – 173
Nirvana – 154, 157, 160, 167, 225
Nobel, Prêmio da Paz – 14, 87, 117, 119, 127
Norbulingka – 30, 69, 98, 105, 109-112, 137, 140
Nyatri Tsenpo – 31
Nyingma, escola – 168

O

oráculos – 42, 84, 142
orações – 11-12, 22-24, 29, 39, 60, 70, 74, 104, 110, 113-114, 130, 142, 146, 148,163, 165-166, 168, 176, 225
Osel, Lama – 176-177

P

Padmasambhava – 52, 55, 157, 168-169, 187
Potala – 30, 34, 98, 103-104, 139,
professores – 25, 71, 83, 168, 171, 174 177, 187, 189, 199, 204, 207, 209, 211, 214
psicoterapia – 209-211

Q

Quatro Nobres Verdades – 128, 130, 135, 142, 156

R

Ranee Taring – 25
refugiados – 55-56, 58-60, 62, 64, 66, 69-70, 87-88, 108, 111
reencarnação – 83, 92, 140, 225
religiosas, práticas – 23, 108, 120
    Bon, religião – 32, 36, 157, 171
    perseguição – 60
    peregrinos – 29-30
    preservação – 76
Reting Rinpoche – 40, 98, 105

S

Sachen Kunga Nyingpo – 172
sadhana – 192, 225
Sakya, escola – 172
Sakya Trizin – 169, 173
samsara – 156, 225
sangha – 155, 210, 225
Sangharakshita – 210
Sera – 30, 51, 71, 94
sexual, práticas – 143
Siddhartha Gautama – 148, 224
Sogyal Rinpoche – 168, 171
Sonam Gyatso – 34, 82-84
Songtsen Gampo – 27, 32
Sri Lanka – 146, 157-158, 210
Suíça – 70, 123
sutras – 159, 175

T

Tailândia – 120, 146, 158
Taktra Rinpoche – 40
tantra – 141-142, 158, 172, 175, 184, 187, 189, 191-192, 198-199, 225
Tashi, Geshe – 213
Tenzin Gyatso – 42, 84, 98
Theravadan, escola – 146, 158
ThubtenYeshe – 174, 177
Tibete – 8, 12-14, 16, 20-22, 24-27, 29-38, 40-43, 45, 47, 49, 50-52, 56, 60, 62, 65-67, 69, 71, 73-74, 75-76, 78-80, 85-88, 92, 94, 98, 104-105, 107-108, 111-113, 117, 119-120, 123-125, 128, 131, 136, 139-140, 150, 157, 160-161, 163, 165, 167-168, 171-172, 174-175, 187, 192, 202, 204, 207-208, 226-227
    Direitos Humanos – 43, 45, 52, 65, 86, 88, 117, 119
    antes da invasão Chinesa – 20, 31
    comida – 25, 43, 49, 103
    economia – 74, 76, 78
    governo – 13-14, 24, 30-31, 38, 42, 47-48, 51-52, 56, 58-59, 67, 76, 78, 84, 86, 88, 100, 107, 112-113, 119, 170
    Chinês – 14, 34-35, 38, 45, 47-48, 52, 71, 73, 76-79, 86-87, 107-108, 170
    em exílio – 67, 70
Tibetano – 11, 20, 31, 38, 48, 55, 60, 62, 64, 73, 100, 145, 148, 163, 167, 210, 220, 224-225, 227
    invasão Chinesa – 31, 38
    meio ambiente – 12
    nobreza – 24
    ocupação Chinesa – 14, 42-43, 65, 74, 85-86
Tilopa – 143, 173, 174, 187
Três Jóias – 155, 224-225

Trisong Detsen – 22, 32, 157, 168
Tsering – 72-73, 75, 105
Tsong Khapa – 160, 175-176
Tubten Gyatso – 36, 84

V

Vajrayana – 142, 168, 184, 186, 189-192, 197, 199, 225
Vermelhos, Guardas – 45, 47-48
Visão Tripla – 172
visualização – 142, 191-192, 224

W

Wangchen, Geshe – 212-213

Y

Yarlung, Dinastia – 24, 29, 32

Z

Zopa, Lama – 177, 208, 212-213

Para receber catálogos, lista de preços
e outras informações escreva para:

MADRAS®
Editora

Rua Paulo Gonçalves, 88 — Santana
02403-020 — São Paulo — SP
Tel.: (0_ _11) 6959.1127 — Fax: (0_ _11) 6959.3090
www.madras.com.br